AQUARIUS

AQUARIUS

AQUARIUS

AQUARIUS

Catcher

一如《麥田捕手》的主角，
我們站在危險的崖邊，
抓住每一個跑向懸崖的孩子。
Catcher，是對孩子的一生守護。

王意中
臨床心理師

化解孩子的「對立反抗」

【寫在前面】我為「對立反抗」寫一本書

對立反抗孩子——一群易怒、好發脾氣，容易和大人爭辯、挑釁並激怒大人，拒絕配合、不服從，常將錯誤歸咎他人，以及出現報復行為的兒童與青少年。

要改善對立反抗的關係很難，但別說不可能。

這些年，不時有爸媽、老師詢問：市面上有沒有哪一本書，專門在談對立反抗？說真的，坊間以對立反抗為主題的書，相當少見。但在現實中，這類型的孩子，大人卻常遇見。

這次，特別以「對立反抗」進行主題書寫，希望有助於陷入煩惱的爸媽及老師們，有個參考、指引的方向，以解決長期以來遭逢對立反抗孩子，不知所措的困惑及苦惱。

然而，想要化解孩子的對立反抗問題，不能單純只是期待孩子做改變。父母和老師是否有想要改變與孩子關係的優先動機，才是最為關鍵的一點，也是非常必要的。與對立反抗孩子間的關係要達成和解，少了你這一票，一切都無解。

陪伴對立反抗孩子，最終目的，不在於僅是讓孩子順從與配合大人的要求。而是要讓孩子學習一種符合社會規範、符合人與人間應該有的基本尊重，覺察自己的言行舉止，擁有內省的能力。讓孩子能夠用合理的方式，與人溝通，說服別人，並與生命中的重要他人維繫良好的關係。

書中內容涵蓋的年齡層，從幼兒園、小學、國中到高中。我以自己長期在兒童青少年心理諮商與治療的實務經驗，將案例重新改編後，以寫實的手法來描述父母及老師在日常生活中、在班級教室裡，遇到對立反抗孩子時所呈現的問題，分析行為的成因，並針對問題，提供實際可行的解決方法、輔導策略與教養祕訣。

第一章、【超前部署】對立反抗的「預防」之道

讓父母與老師瞭解，可以透過超前部署的方式，預防孩子產生對立反抗。有效防範對立反抗問題從家中逐漸往學校蔓延。

第二章、【挫敗無力】「擺脫」遭遇對立反抗的困境

在這一章，提到許多父母及老師，面對孩子有對立反抗問題的困境，無法招架，不知如何解決，而衍生出無力感與挫折感。

第三章、【迎刃而解】對立反抗問題的「見招拆招」

與父母、老師們分享，如何在家裡及班級經營中，有效因應對立反抗孩子鋪天蓋地而來的叫囂、批評、激怒、挑釁等語言和動作。

第四章、【修復傷痕】對立反抗的「關係修復」

最後一章將回歸到一個重點：我一直認為對立反抗孩子的心裡，都是一道又一道的傷痕。如果大人與孩子願意彼此和解，重新修復雙方的關係，相信將有助於陪伴這些迷途的孩子，再度回到應有的軌道上。

第一章

【超前部署】對立反抗的「預防」之道

目錄

第四章 【修復傷痕】對立反抗的「關係修復」

目錄

第一章

【超前部署】對立反抗的「預防」之道

化解孩子的「對立反抗」

孩子不聽話，怎麼辦？

——對立反抗試水溫

「你到底在幹什麼？整個地板全是玩具，現在馬上給我收一收！」媽媽歇斯底里地嘶吼。只見揚揚不為所動地繼續玩著他的遙控車，加速前進，瞬間甩尾，再突然踩煞車。

「我在跟你講話，你到底有沒有聽到？現在馬上給我收乾淨。我警告你喔！如果你再不收的話，我馬上拿垃圾袋，把你的玩具一袋一袋清走。你到底有沒有在聽我說話？」

不管媽媽怎麼威脅，揚揚依然文風不動。這些話已經聽了太多遍，他就像絕緣體一樣，沒感覺。

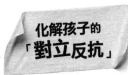

「反正等到最後，媽媽受不了，她一定會自己動手整理。」揚揚如此深信著。果不其然，當他起身離開玩具間後，媽媽一邊氣急敗壞地收著散亂一地的玩具，嘴巴繼續叨念著，「你這孩子竟然玩一玩就把玩具給我丟在一邊，人就離開了，成何體統！現在才幾歲，就這副德性。大人的話，現在就聽都不聽，那你以後怎麼辦？」

揚揚除了不收玩具之外，媽媽要求的事情，他幾乎都不當一回事。

「襪子不要亂丟，趕快撿起來。」

「我跟你講了多少遍，趕快去洗手。」

「你不是最後上廁所的嗎？為什麼不把燈關掉？」

「我跟你講了多少遍，不要在沙發上跳來跳去。」

「為什麼自己的書包不整理好？」

不聽話，不聽話，孩子就是不聽話，家長該怎麼辦？

對立反抗的輔導與教養祕訣

「做該做的事」：迴避瑣碎的要求與指令

對於孩子應該做的事情，或是他能力範圍內的事情，下達指令是很理所當然的事。但是我們必須留意，自己下達指令是否太過頻繁、太過瑣碎。

與其不斷地對孩子說：「去洗澡！」「把書包整理好！」「把電燈關掉。」「把手洗乾淨。」「現在去睡覺！」……（未完，以下自行補充）我的做法會是：

- 「做該做的事，去洗澡。」
- 「做該做的事，把書包整理好。」
- 「做該做的事，把電燈關掉。」
- 「做該做的事，把手洗乾淨。」
- 「做該做的事，現在去睡覺。」

當我下達指令時，常常冠上這一句**「做該做的事」**，雖然後面會接不同的要求內容，但在這當中，我只和孩子強調一件事：「做該做的事」。目的也在培養孩子清楚知道這個概念：「做該做的事」，而養成自律的習慣。

甚至於這麼說了幾次之後，對孩子下達指令時，只要說出「做該做的事」，再看看浴室的方向，孩子就知道自己該去洗澡了。

明知沒用，就不要說：謝絕無效的指令

在孩子的成長過程中，請特別留意，我們是否總在下達指令要求孩子，而不考慮他當下正在做什麼，以及他的想法和感受。

我們是否只是一味地要求，而認為他這個不行、那個不能，這個不對、那個又錯了。

若孩子總是表現得不配合，那麼，我們真的需要自我檢視：我們是否總是直接要求或直接下達指令？比如「要不要？」、「給不給？」、「答應不答應？」……然而，很多事情是要避免陷入絕對二分的。

日常生活中，當我們下達許多無效的指令，那無疑是一次又一次地在耗損我們和孩子的關係。因此，**當你又要開口下達指令之前，先想想看自己是否有把握孩子**

會配合。如果沒有把握，這道指令就不要下達。

無效的指令往往在耗損彼此的關係，也將讓孩子重新設定自己與眼前大人的關係，自動提升對立反抗強度。

讓孩子對你「合理說服」，而不是用情緒勒索

讓孩子來說服我們：為什麼此時此刻，他不做大人要求他該做的事？他的想法是什麼？

或許孩子可以說出一番道理。雖然聽在大人耳裡，可能盡是一堆歪理，但還是讓孩子試著以陳述的方式，來說服大人，而不是用哭鬧、發脾氣、激動情緒等來反抗。

「玩」是必勝元素

在與學齡前的孩子互動的時候，可以加入一些「玩」的元素，特別是想像遊戲，讓孩子比較沒有感受到被要求，而自動提高配合度。

一、沒用的說法

例如，我希望孩子進行分類活動（將玩具紙鈔依幣值進行分類），而選擇以命令的方式，說：「現在把這些玩具紙鈔，按照紙鈔上面的幣值分類，如果你沒做完，你就不能自由活動。」

假如我是這麼要求，外加一些命令及威脅，孩子會心甘情願地配合嗎？答案不說，我相信你也猜得到。

我不會這麼做，也不需要這麼做。

因為這對雙方來說，沒有任何好處，甚至會破壞彼此的關係，更容易誘發孩子出現對立反抗行為。

二、有用的說法

那當下，我常用的做法是說：「哇！你現在是個大老闆，你今年做生意賺了好多好多的錢，因為你賺了好多好多的錢，所以你心裡好開心、好開心。」我說著，瞬時把桌面上的玩具紙鈔全部打散。

孩子的注意力被我轉移到「他是個大老闆，他賺了好多好多的錢，賺得非常開心」的想像模式中，畢竟想像遊戲可是孩子的最愛啊。

這時，我繼續玩著。「因為你今年真的賺了好多好多錢，現在呢，我想要幫你把這些錢拿去銀行存起來。如果可以，你現在把你賺的錢，按照上面的幣值分一分。」

由於進入了想像遊戲的對話，孩子在感受上，沒有像聽到指令的感受那麼強烈而排斥。我話才說完，孩子便開始動手做分類，完成的機率很高。

這時，我的目的達到了，孩子透過他的能力完成了分類，同時，也提升了他玩想像遊戲的能力，一舉數得。

當孩子和你的關係好了，也比較容易提升日後他接受你下達指令的配合度。

在玩的時候，偷渡指令

你有沒有發現，當孩子知道你願意和他一起玩時，無論你下達什麼指令，他都可以立即配合。

例如，你現在要和孩子玩踢足球，對孩子說：「現在我們一起先把旁邊的桌椅挪開。」孩子二話不說便馬上開始搬桌椅。

如果你馬上又講：「我們現在需要把場地整理一下，你先把地板稍微清掃乾淨。」你會發現孩子也是二話不說，馬上就行動了起來。

在邊踢球邊玩的過程中，如果你對孩子說：「這個瓶子擺在那裡太危險了，你先把它放到後面去。」孩子依然二話不說就把瓶子拿到你指定的地點。

當我們願意和孩子「一起玩」，你下的指令，孩子大多會二話不說地聽從、配合。

約定前後：傳統市場的議價，便利商店的執行

我經常說，親子之間的約定，做法分為「約定前」和「約定後」。

・約定前：討價還價

約定之前，就像在傳統市場買菜一樣，可以向老闆討價還價。「洋蔥能不能多一顆？蒜能不能多拿一些？今天不能算便宜一點嗎？」「好啦，你買，我多送你兩顆蔥。」

在「傳統市場」期間，是讓孩子練習如何溝通協商、如何去說服別人，同時把自己的想法清楚而全盤說出的好時機。親子間針對所提的內容，完成最後的約定。

約定之後，孩子就得徹底執行。

‧約定後：衡量現況

當約定確認之後，就從傳統市場轉入到便利商店，店裡架上的東西，定價都非常清楚。無論是餅乾、糖果或飲料，一包多少錢，一瓶多少錢，第二件七九折或六六折，都寫得清清楚楚。

到了便利商店，你不會和店員討價還價，你只會「衡量」。進店裡買東西前或結帳前，你會先摸摸口袋，或者查一下悠遊卡裡的金額是否足夠。如果不夠，鼻子摸一摸，少買一點東西，或下次再來。

‧讓孩子瞭解：他做了承諾，就要徹底執行

但我們最容易看到的場景是——

孩子和你約定好了，上網時間只有一個小時，時間到了，他一定得離線，關掉電腦。

現實卻是，一個小時到了，孩子沒發現，而是你得主動告訴他，「時間到了，你該離線。」

孩子聽了，嘴巴嚷嚷著，「我遊戲還沒打完，現在不能下來，如果現在下來，以後就沒有人想要跟我同一隊，你到底懂不懂？先走開，讓我打完這局再說。」

孩子說的似乎挺有道理，玩打怪遊戲玩到一半，中途離場，當然不是什麼好事。但是，我還是會堅決要孩子離線，因為我在乎的是我倆之間的「信任」。

我並不需要去考慮孩子的後果，這是他得自己去承擔的，因為我們的約定就是一個小時。

倒不是大人不通人情，如果孩子偶爾一次、兩次這樣，或許還可以通融。但是，若孩子是一而再、再而三，到後來不把約定當成一回事，我們就真的得堅定自己的立場。

讓孩子清楚地瞭解，既然他做了承諾，就請徹底執行，除非他能夠說服對方——但請記得，**是「合理地」說服對方，絕對不是用情緒威嚇對方。**

化解孩子的「對立反抗」

孩子容易生氣，怎麼辦？

——面對生氣的因應之道

「你這孩子到底是哪根筋不對？人家阿姨只是說一句『弟弟，你剪這個頭好可愛』，又不是在笑你，幹麼反應那麼大，還用腳踢人家？你到底在幹什麼！」媽媽氣急敗壞地說著。

小剛聽了，雙手握拳，臉頰鼓脹了起來，一臉氣呼呼的模樣。

「你不要太誇張喔，帶你出來還給我臉色看。如果你再這樣的話，我們馬上就回家。」

媽媽的話才一說完，小剛馬上發出尖叫，並朝著媽媽的肚子捶了起來。

「你這孩子到底在幹麼?!」媽媽邊說邊捏了小剛的手臂。頓時，孩子立即往後倒躺在地上，號啕大哭起來。淒厲的哭聲引人側目，一旁的路人紛紛停下了腳步。「你哭什麼哭啊？真是丟人現眼！現在馬上給我起來！」媽媽邊說，邊想把小剛拉起來，但他依然在地上賴著不走。

小剛的哭鬧久久無法平復，激得媽媽心裡煩躁不已，話愈說愈急、愈說愈快，「搞什麼鬼呀！你這樣一直哭，我們怎麼搭捷運回家？」

來硬的沒用，媽媽試著用安撫的，邊柔聲說話，邊輕輕拍他的背，「吼，很多人在看你喔，人家在笑了。」似乎也起不了作用。試著使用哄騙的方式也達不到效果，小剛的氣依然未消。

「假如你再這麼鬧脾氣，讓我們無法搭捷運回去，晚上你就不要再看卡通了。」媽媽心一橫，乾脆用威脅的方式，結果不說則已，一說，孩子又開始大叫起來，「我要看！我要看！我要看！」

媽媽真的被打敗了。眼前的孩子究竟怎麼了？滿身像綁上了許多炸藥，隨時一碰，氣憤的情緒就立即被觸發。

對立反抗的輔導與教養祕訣

收起「不要生氣」這句話

生氣，很自然。生氣，是可以的。

重點不在於生氣，而是孩子「如何表達情緒」。

既然生氣是一件很自然的事情，我們也不希望壓抑、否定孩子的情緒（請允許孩子可以與各種情緒共存），那麼請先將「不要生氣」這句話收起來，放在倉庫裡，不要拿出來用。

關於生氣，你需要知道的四件事

一、情緒表達

「到底孩子怎麼生氣，你才不會生氣？」我常常在演講中，向家長與老師反覆強調這個概念。我們關注的是，孩子如何表達他的情緒。

二、情緒調節

留意孩子發脾氣是否會持續很長一段時間，以觀察情緒調節是否出了問題，無法適時緩和下來。當孩子的情緒一直很難平復，請思考：孩子在日常生活中，是否缺乏一些讓自己的情緒從激動狀態下，逐漸回復、維持平穩狀態的能力。

三、找出生氣的「前置刺激」

為釐清孩子生氣是屬於「情緒表達」，還是「社會性的支配、掌控」，要找出孩子生氣的前置因素，比如當孩子突然發脾氣時，可以往前推三秒鐘，以判斷誘發他生氣的因素是什麼。

四、「解讀系統」扭曲了

你發現孩子常常生氣？請你想想看：是否孩子的想法（解讀系統）出了問題？是否他總以不合理的負面思考看待事情，做出對自己不利的解釋，而扭曲對方的用意？

化解孩子的「對立反抗」

拆除「易怒」的地雷

為什麼孩子總是易怒？請找出孩子在日常生活中，「不生氣」的時段，與他在這些時段從事的活動內容。同時思考，是否大人的關照讓孩子更陷入生氣情緒中。

為了減少孩子易怒的情況，我們得想一想：哪些話，我們可以說；哪些話，我們不需要多說。而我們在說話之後，要停頓下來，仔細觀察孩子的反應，避免一波又一波刺激孩子的生氣情緒。

如果大人自己隱約感受到陣陣氣憤襲來，這時最好的方式，就是先不開口說話，保持沉默，這也是讓自己心情維持平穩的一種適當方式。

嘮叨的父母加上易怒的孩子……對立反抗的衝突勢必會發生。

放慢說話的速度

與容易生氣的孩子互動時，「察言觀色」非常重要。在講話的過程中，先不急著一次說太多的話，當我們一句一句慢慢說，多少有機會停頓下來，觀察孩子的反應，接著可以慢慢地修正自己接下來的說話方式。

我要強調，親子關係、師生互動，是一種非常「細膩」的過程。

鎖定這個原則：當孩子好好說的時候，我們就好好回應，讓孩子瞭解他使用友善的方式，同樣地也可以換來我們對他的友善。

謝絕刺激

孩子的情緒一直沒有辦法平復下來，怎麼辦？

關於這一點，可以先思考：孩子生氣的當下，周圍的爸媽、手足、老師或其他孩子，是否在旁邊添油加醋，不斷地給予言語上的刺激。

有時，孩子的氣很難消，是因為不斷受到刺激，以致有些孩子很難讓自己的情緒恢復平穩。這也是為什麼遇到孩子情緒當頭時，我們大人第一時間要保持冷靜。

當我們保持冷靜，當我們減少過多的言語刺激，等於提供了孩子一種「降溫」的方式，他便能免於多花精力或心思，去處理周圍的刺激，如此他才有機會讓情緒慢慢地平復下來。

讓情緒回穩的練習

一、大人先示範「冷靜」

大人如何讓自己冷靜？這真的需要修練，可以找出自己過去的冷靜方法，仔細思考自己曾用哪些方法變得冷靜。我想一定有，只是需要我們特意回頭去想，並且將這些方法拿出來，勤加練習。

我們可以這樣來想：我們期待孩子能夠冷靜，那麼，我們必須先對孩子示範「冷靜」是怎麼一回事。

簡單來說，如果我們大人都無法冷靜下來，又如何讓眼前情緒激動的孩子平靜下來？

二、帶孩子練習「冷靜」

除了大人找出自己曾經用過的冷靜方法，也不妨想想看，以前孩子在什麼情境下，情緒較易趨於平穩，例如：安靜地獨處，散散步，吹吹風，翻翻繪本，聽聽音樂……或是靜靜地看著眼前的靜物，讓自己的情緒在這專注的當下，慢慢地平穩下來。

一旦孩子在日常生活中多練習了，在適當時間就更能做出該有的反應，而不致讓情緒一直處於波動狀態。

多製造情緒平穩的狀態

我常建議家長與老師，多製造讓孩子的情緒可維持相對平穩的狀態——仔細留意在什麼樣的情境下，孩子的心情最平穩，拿出紙筆或手機，試著條列記錄下來。

我相信，當一個孩子在一天裡，多數的時間都能夠維持情緒平穩，他的情緒調節及控管，應該是比較穩定的。

消除緊繃的氣氛

我們需要隨時做自我覺察及審視：家裡與教室裡的氣氛，是否一直處於緊繃狀態？大人與孩子情緒的反應，是否一直表現出激動、不滿、憤怒、浮躁，彷彿隨時受到一丁點刺激，就會引爆生氣氫彈？

所謂「緊繃的氣氛」，簡單地說，就是當我們回到家或在教室時，是否會感到自己處於一種滿是張力，就像充滿瓦斯的狀態；有時候，一句話令人動輒得咎，覺察到自己的情緒很容易被撩撥起來，而讓彼此的關係變得更加惡化。

要消除緊繃的氣氛，可以從調整說話的技巧著手，試著把原本語調往上拉高的方式，調整成往下壓。

並且，自我練習覺察，覺察自己在說這些話時，情緒是否也跟著浮現上來。

當我們能試著心平氣和地表達自己的意見，可想而知，孩子也比較容易心平氣和地聽我們把話說完。

我也常常提醒大家這件事：**我們不希望哪些行為、情緒在孩子身上出現，最簡單的方式就是，我們自己不要出現這些行為及情緒。**

「社會性掌控」呼之欲出
——如何與聰明的精算師過招

「我不要回家，我不要回家！我還要玩，我不要回家……」阿豪說完，馬上就躺在地上。

「你這孩子真的讓我受不了，每次都給我難堪，總是會挑時間、挑地點，老是在人多的地方給我躺在地上。幹麼？讓大家看啊？讓我這個做媽媽的丟臉啊？」

「我不想回家，我不想回家，我還要玩！」

「玩什麼玩？你玩多久了？我們都不用做別的事情嗎？」

媽媽愈講愈激動。只見周圍的目光朝自己的方向聚集而來，頓時讓媽媽羞愧得臉紅。

化解孩子的「對立反抗」

「真是丟臉死了，趕快給我起來。」

媽媽把音量壓低，盯著地上的孩子，迴避周圍投向自己的目光。「你動作快一點啦……」

阿豪依然不為所動，旁若無人地吵了起來，「我還要再玩！我還要再玩！」他邊喊著，又繼續跑到另一邊玩起沙坑遊戲。

「媽媽，孩子要玩，你就讓他玩嘛！玩個沙子會怎樣呢？」

「這孩子到底怎麼教的啊？寵成這樣，太任性了。」

「如果是我的孩子，早二話不說，手一拉就回家了。」

「這位媽媽，需要我幫忙嗎？」

「難怪現在許多年輕人都不想生小孩。」

周圍的人愈聚愈多，竊竊私語著，這些聲音讓媽媽如坐針氈，她真想在沙坑裡挖個洞，鑽進去。

對立反抗的輔導與教養祕訣

孩子為何多此一舉？其實是啟動「社會性掌控」

我們來想一個問題：為什麼孩子哭的時候，要躺在地板上？**孩子是否面對每一個人都如此？**還是只針對特定的對象，比如面對媽媽或特定的老師時，才會躺在地板上？

如果是後者，也就是孩子會看「人」來決定躺不躺，首先要特別留意：是否只要孩子躺在地上哭，你就會做出一些孩子所「預期」你會出現的反應，例如：扶他起來，告訴他不要哭；或大人乾脆就妥協了——你要什麼，我就給你，你不要，那我們也算了。

再來，可以想一下：**孩子躺在地上哭的過程中，除了哭之外，是否會邊哭邊說出他的一些需求？**這些需求，有的是他想要的，比如「我要手機」、「我要出去玩」、「我要抱抱」，或者有些事情是他嫌惡的，例如「我不要吃菜」、「我不要拼圖」、「我不要寫字」、「我不要看醫生」等。

化解孩子的「對立反抗」

如果在那當下，孩子很明確地表達出了想要的或拒絕、嫌惡的，那麼躺在地上哭，是加強了孩子表達需求或不想做的力道。

若孩子常常躺在地上哭，**當他又這麼做時，觀察一下他躺的地方**：是周圍都沒有人呢？或者他躺下去的地點，多半是人來人往的大門口？

有些孩子躺下去，主要只是「躺給你看」，還是會在意別人怎麼看自己。因此，當周圍的人注意到自己時，有些孩子會覺得羞愧、不好意思，很容易就會起身。

然而，有些孩子特別挑人多的地方躺，這點釋放出一個訊息：人愈多，你愈怕、愈擔心別人的反應，因此，你就愈容易與孩子妥協。

有些「自我主張」，必須受到規範

對立反抗孩子往往想要按照自己的方式來做事情，然而，在日常生活中、學習上與團體裡，有許多方面是需要被規範的。

因此，孩子得不時地調整自己與周圍環境間的關係，以符合規範。

當孩子表達出他的想法時，我們是否曾經接受？或者我們是用說服的方式，讓孩子願意順從指令？如果讓孩子感受到「被尊重」，他的配合度及配合的意願，相對就會比較高。

至少，**當孩子提出想法及要求時，我們不直接地斷然拒絕。**比如這篇開頭故事裡的阿豪，媽媽可以聽聽看為什麼他想要繼續在沙坑玩，聽聽孩子怎麼說。這當然不等於我們就要立即答應，我們也可以把自己的顧慮和考量讓孩子瞭解，並協調是否有其他的替代方案。

當我們**以比較溫和的語氣與孩子對話、以比較幽默的方式對待孩子**，孩子當然也沒有必要再以憤怒、生氣的方式，挑戰大人的底線。

如何終結「哭鬧反應」？

當孩子躺下哭了，還有一點可以觀察：以往大多在什麼樣的情況下，孩子會停止哭泣？

例如是大人妥協了（你只要一躺，要什麼我都給你；你不想做的事，我們也算了）；還是大人加以安撫，他的情緒就緩和了；或者是大人透過轉移的方式，比如他原本躺在地上哭，見大人拿出了食物和玩具，受到吸引而爬了起來。

觀察孩子是如何止住眼淚的，是在提醒我們自己是否很容易對孩子「妥協」。

優先考量「安全」

孩子躺下去哭之後，是否做出了一些更加強烈的舉動？例如用頭撞地板、咬自己、打自己的頭等。

請注意孩子的情緒控管是否出現了明顯的失控，因而在那當下，他控制不了自己邊哭邊去撞頭，無法做出比較適當的情緒反應。

面對孩子的哭鬧反應，需要優先考量的是「安全」，例如讓孩子頭部不會受傷。**在處理過程中，請特別提醒自己保持沉默，不要太過於嘮叨或講道理，以預防更加刺激孩子，或讓孩子認為大人出現了妥協的反應。**

此時，「無招」勝有招

若孩子總是用躺下去的方式表達情緒，其實也表示他明顯缺乏其他適當的情緒表達方法。因此，平常大人需要花時間，引導孩子遇到問題時，練習用適當的方式解決與溝通。

如果孩子還是常常躺在地上，那麼你真的要留意了，對於孩子來說，「躺在地上」還真的非常有效果，也難怪他動不動就使出這一招必殺絕技。

孩子處在「掌控」的狀態，這時的對應方法是，我們盡可能地繼續做當下在做的事情。必要時，把你原先對孩子強調的話，再說一次。

在「抱」與「不抱」之間拿捏

「媽媽，我要抱抱！」當孩子這麼對你說，他是在對你情緒掌控，還是找下臺階？

孩子大哭大鬧地無理取鬧之後，眼看情勢不對，對你嚷著「媽媽，我要抱抱！」，面對這種情況，媽媽往往不知該如何是好，在抱與不抱之間，猶豫不決。

我們可以先思考，孩子是在什麼情況下大哭大鬧的。

例如，當他說：「媽媽，我要手機！媽媽，我要手機！」孩子是使用了強烈的情緒手段，想要讓你妥協，把手機給他。

這時，除非你想妥協，不然最好採取冷處理的方式，表情嚴肅，冷靜地看著孩子，這是在傳達這樣的訊息：「很抱歉，你用了這種不適當的方式威脅我，門都沒有，媽媽不吃這一套。」

孩子發現這麼做以前有效，現在卻拿你沒轍，你竟然沒有出現他預期的反應時，他便很容易脫口說出「媽媽，我要抱抱！」。

當孩子說出這一句話時，請仔細觀察他的行為表現。

一、孩子在找臺階下，尋求和解

第一種狀況是孩子說：「媽媽，我要抱抱！」——講完之後，立刻張開手臂，朝你的方向前來，並且抱住你。

這時，對於這句「媽媽，我要抱抱！」的解讀，傾向於孩子在找臺階下，化解尷尬的氣氛。

因為他剛剛用了「媽媽，我要手機！媽媽，我要手機！」的方式，起不了作用，發現媽媽竟然沒有反應，頓時場面弄僵了，親子之間的氣氛凝重。

孩子走過來要你抱，建議你就好好抱著他，無論你的情緒在當下多麼激動起伏。你可以輕輕地，稍微把手放在孩子的背上，等待他的情緒略為舒緩，再以堅定的語氣告訴他，後續他應該要做什麼（可以確定的是，接下來不可能讓他玩手機）。

孩子大哭大鬧，雖然沒有獲得媽媽的妥協回應，但找了一個臺階下之後，這件事情就先到此結束。

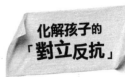

二、孩子在尋求逆轉的局面

第二種情境是孩子說：「媽媽，我要抱抱！」——他卻待在原地不動，等著你，要你過去抱他。

在這種狀況下，對於這句「媽媽，我要抱抱！」的解讀，傾向於孩子想要第二次機會，藉由要求的方式，進行社會性掌控，希望能夠逆轉剛才他失分的局面。

當孩子說「媽媽，我要抱抱！」，而你也真的過去抱他，他發現你竟然妥協了，當下的局面便從原先的零比一，翻轉成一比一，打成了平手。

於是在延長加賽後，他很容易又拋出這一句「媽媽，我要手機！媽媽，我要手機！」，再度啟動掌控模式，要讓你妥協，交出手機。

在無理取鬧地吵完之後，這一句「媽媽，我要抱抱！」，正是反映出孩子懂得察言觀色、懂得瞭解媽媽的反應，使他在面對不同情境時，有了不同的思考及應變策略。

在「抱」與「不抱」之間，請家長謹慎判斷。

孩子吃定了大人，怎麼辦？

——「我就是要讓你埋單。」

「你又在那邊吵什麼吵？」

「別人都有帶手機到學校，只有我沒有，這樣真的很丟臉。」

「什麼叫做『別人有，你沒有』？你是學生，又不是在上班，帶什麼手機？」

「拜託，全校每個人都有，就只有我沒有。如果被傳出去，可是很丟臉的事情。」

承平挖了個洞，等著媽媽一不小心栽下去。

這個陷阱，承平三不五時就來吵，因為他知道媽媽的耳根子很軟，吵個幾次，心裡就動搖了。

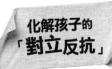

「真是拿你沒辦法。我跟你講喔，手機我讓你帶去，但是只能帶舊的手機，而且上課不要給我拿出來，懂不懂？你是去上課，不是去談生意。」

「我知道啦。我上課幹麼拿出來？這一點根本不用你說。」承平展露出得意的笑容，果不其然，這回媽媽又被自己吃得死死的。

「還有，我跟你講，這件事情可不要讓你爸爸知道，否則被他發現，發起脾氣來，後果你自己負責。」

「我知道啦，不用你說，這是我倆的祕——密——」承平邊說，邊滑著手上的iPhone，裡面有許多app都等著更新。

「被孩子吃定」的情況，還真多到數不清，只要承平開口要，媽媽似乎都無法說不。

有時，媽媽心想：「我怎麼被小孩吃得死死的？」

不過，想歸想，她又告訴自己別想那麼多，否則不答應小孩的要求，他老在那邊發脾氣，只是讓自己找罪受。

對立反抗的輔導與教養祕訣

孩子是超強的「精算師」

孩子總是用很籠統的問法，來跟我們索求他具體所要的東西。

「為什麼我不能用手機？我們全校每個學生都有手機，為什麼我不能用手機？」當孩子這麼問你，往往讓你一時不知該怎麼回應。

但我可以確定的是，當告訴他為什麼他不可以有手機，不管我們用什麼方式、說的理由合不合理，孩子都可能因為被直接拒絕了，負面情緒便隨之而來。

當然，這並不是說我們就要答應孩子，他也可以像全校其他同學一樣有手機。更何況，「我們全校每個學生都有手機」這句話的可信度，其實是個大大的問號。

我常說，孩子是很精明的、很賊的，是非常聰明的生意人——他熟悉我們，總勝過我們熟悉他。

這並不是在損孩子，而是在告訴我們一件事情：對於自己想要的東西，孩子往往會想盡辦法去要到，而且也通常很容易達到目的。

「全校」、「每個人」、「大家」：不存在的假議題

在這個索求的過程中，孩子會讓大人陷入一種「好像我不給你，全校就只剩下你沒有手機」的窘境。但請記得一件事，「我們全校每個學生都有手機」，其實是一個不存在的假議題。

除非孩子是在學校裡，對所有同學一個一個地進行調查訪問、做統計，而得到「全校每個學生——除了他之外——都有手機」的結論；但事實上，孩子不可能這麼做，答案也不可能百分之百如此。

運用「智慧型拋接」，回應孩子

再回到剛才的狀況題：當孩子拋出這樣一句話時，大人該如何回應？

一、反問法，把球丟回給孩子

其實，與其我們自己傷腦筋地想破頭，倒是可以冷靜地回應孩子：

「你說呢？」

「然後呢？」

←

孩子聽我們這麼問，可能會立即回一句：「所以，你就是要買手機給我。」

當然，我們絕對不會因此答應。

←

你可以進一步說：「既然你說除了你之外，全校的同學都有手機，那請你現在把同學的名字一個一個地寫下來，清楚地告訴我，你們學校有哪些人有手機。」

話一講完，將紙和筆拿到孩子的眼前，對他說：「你慢慢寫，我不急，我等你。把全校扣掉你之外，剩下的人的名字都寫下來。」

二、直接說明法，讓孩子合理地說服你

也可以採取另一種回應，例如這麼說：**「現在不是我來告訴你，為什麼你不能用手機，而是你得具體地告訴我，為什麼你需要手機。」**

孩子必須拿出具體的理由來說服我們。我們絕不接受情緒勒索。

讓孩子清楚地說出他的「想要」和「需要」。除非你真的被孩子理性地說服

了，否則，別讓孩子挖了個洞，你就往裡跳。

雙牌對決：「發牌」與「攤牌」

何時「發牌」？何時「攤牌」？雙牌對決，要注意的兩大重點是：

一、避免讓孩子的掌控行為（例如哭鬧、發脾氣）先出來。

二、避免讓孩子先發牌（出現對立反抗行為）。

一、留意孩子是否先「發牌」

對立反抗孩子為了主導大人的後續行為模式，常常會先發制人（發牌），讓大人跟著他的反應，被迫做決定，而讓孩子感受到他可以影響你。

因此，當孩子主動發出「掌控」這張牌時，大人請盡可能地維持當下應該要做的事。

二、與孩子「攤牌」的技巧

必要時，以冷靜、平穩的語氣，將孩子行為背後的「目的」先攤開來說（攤牌），讓孩子瞭解，「其實我很清楚你這麼做背後的一些想法」，以削弱孩子的行為力道。

比如讓孩子曉得，「我知道，你又要跟我說在學校裡其他人都有，只有你沒有，來讓媽媽感到羞愧、自責和丟臉，好像是我害了你，感受到我這個媽媽沒做好的道德壓力，最後只好妥協，答應你、配合你、迎合你。你認為這麼做，我應該會受你影響。」

把話攤開來講，讓孩子瞭解，你明白他的目的。

建立「有話好好說」的溝通模式

讓孩子瞭解，當他好好講的時候，比較有機會得到他想要的結果。當然不見得好好講就一定有，但是比較可能有。

為了強化孩子運用比較正向的態度和人說話的動機，我們可以留意，在孩子主動以比較適當的語句、語氣說話時，給予正向的回饋。

回饋，不等於要給予物質的獎勵，而是我們用比較和善的方式，例如親切的笑容、沉穩的語氣、溫柔的眼神注視等，來回應孩子。

發脾氣，是否成了孩子暢行無阻的通行證？

有些孩子會很明確地告訴你，「我在班上只要大發脾氣，老師就不敢對我怎麼樣。」

你聽了可能會額頭上冒出三條線。

而我思考的則是：為什麼孩子在教室裡大發脾氣，老師就束手無策？

大人常常「怕」孩子發脾氣，特別是在教室裡。這一點，師生都心知肚明。

沒錯，我們被孩子吃定了。孩子已經認定老師需要上課，一個人得面對許多學生，老師既沒有時間、不想也沒有能力處理孩子發脾氣的狀況。

於是，對孩子來說，「發脾氣」成了一張令他暢行無阻的通行證，直接又有效，只要發脾氣，他就可以開始為所欲為，去做自己想要做的事，在教室裡到處走動，想幹麼就幹麼，甚至二話不說，直接離開教室。

有時，孩子反映的是一種「你拿我沒辦法，反而你也不想管我」的想法。

孩子正挑戰老師的班級經營能耐。

棄守的代價

或許老師會說：「我班上就是有這麼多學生，我的時間就只有這麼多。要是去處理他一個人的事，其他的課都不用上了。」

當我們這麼抱怨，也同時傳達了一個令人氣餒的訊息：我棄守了，我對於孩子的反應放棄處理。

當我們選擇棄守、選擇放棄我們在班級經營上可以努力的立場，所換來的代價將是孩子無止境地挑戰我們。在這個過程中，孩子的對立反抗態勢，不知不覺地就被養成了。

孩子會慢慢學習到：當他採取強硬的方式，比如哭鬧、尖叫、無理取鬧或發脾氣，老師往往陷於不知所措，或者是為了避免讓情緒惡化，乾脆選擇不予處理，任由學生表現得更加造次。

無論如何，我們都需要**很清楚地讓孩子瞭解我們的界限與底線**。以學齡前的孩子為例，他們的行為是需要被規範的。

對立反抗的形成

對立反抗的情況，並不是孩子睡一覺，隔天醒來就成了這模樣，而是一日一日、一點一滴地走到這狀態。

我們不妨來思考：

孩子在養成過程中，對立反抗是如何逐漸形成的？

在學齡前階段，孩子常常是「我想要，就是要」、「想要怎麼做，就怎麼做」，不受約束。

面對這種情況，父母可能不斷地妥協，或者選擇以更強硬的方式處理。有時，礙於孩子的強烈情緒反應，我們很容易就選擇放棄了。

而隨著一次又一次的成功經驗，孩子慢慢熟悉了一種模式：「只要我那樣做、那樣說，大人似乎很容易就會妥協」。在這種情況下，「對立反抗」當然就很容易成為孩子一種長期的行為模式。

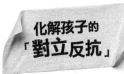

孩子總是對大人予取予求，怎麼辦？

——孩子想要的，要給得「限時」與「限量」

「你是把我當成提款機嗎？只要輸入幾個密碼，我就一定會吐鈔給你？拜託，提款機也會沒錢，好不好？你不能什麼東西想要就是要，像個無底洞一樣，永遠滿足不了你。」

媽媽抱怨歸抱怨，但是澤澤根本不理會她，滿腦子只想到會變身的機器戰士，重點是，他的玩具櫃上已經擺了好幾款。媽媽怎麼想都想不通，「怎麼澤澤買玩具就像女人買衣服一樣，衣櫃裡總是少了那一件？」

身旁不時有人提醒她，「你啊！可別把孩子給寵壞。我跟你講，寵壞了，以後就真的麻煩了。你現在給澤澤那麼多他能力範圍以外的東西，把孩子的胃口養大了，我告訴你，他會沒完沒了，對你予取予求，到時候，你不給都很難。」

但別人說歸說，她聽歸聽。有什麼辦法？面對家裡這個阿嬤眼中的金孫，自己只能在經濟能力內滿足他的欲望，「不然婆婆叨念起來，誰受得了。」

有時，媽媽只能安慰自己，「或許孩子有他的想法，他很清楚知道自己要的是什麼。」

但她也感覺到，自己這個做媽的在孩子心目中的地位，似乎愈來愈卑微。為什麼滿足他，還是落到如此下場？

「你幹麼每次都來煩我？為什麼不去煩你爸爸？」

對於媽媽的抱怨，孩子根本不當一回事，對他來說，媽媽真的很好用，無論是自己想要的或需要的，媽媽都會變出來。

媽媽覺得就像遭受到孩子綁架、勒索。她一直很納悶，為什麼自己無法對澤澤說「NO」。

或許，不想讓孩子生氣而弄壞了母子關係，也是一種迎合與討好吧。

化解孩子的

「對立反抗」

對立反抗的輔導與教養祕訣

大人請留意自己的反應

有些學齡前的孩子會這樣要求，「我要就是要！」如果大人在第一時間不配合他，可想見孩子馬上會拉高音調、放大音量、歇斯底里，要讓大人妥協。

但是，請你提醒自己：**我們的反應，會決定孩子接下來的反應**。

當我們的反應是「明顯受影響」，孩子就會很清楚他這麼做、這麼說，是有效果的。這也是為什麼有的孩子會一而再、再而三地，不斷以強烈的方式讓大人妥協。

我們真的得提醒自己：為了不讓孩子歇斯底里而選擇不斷地迎合他，這麼做，只會更強化孩子以更負面的方式來予取予求。

對立反抗最容易改善的時間點，當然是在「學齡前」。在這個階段的孩子，可塑性非常、非常高。

如何看待孩子的索求？

對於孩子的予取予求，我們要停下來想想：為什麼孩子要，我們就給？

‧當孩子索求，你怎麼想？

這關係到父母如何看待孩子的索求。

最常見的情形是，很多爸媽表示，「不然能怎麼辦？不給，孩子就是哭、就是鬧，真的被他這種哭鬧給煩死了。反正他要就先給他，再來跟他談條件。」

在這樣的互動中，孩子慢慢會發現，大人解決事情，總是想用最快速的方式來敷衍。然而，這種最快速的方式也讓孩子瞭解到，我們其實是不太堅持，很容易妥協的。

在這種索求的過程中，孩子逐漸掌握了大人的習性。這也是為什麼小孩總是只要一出牌，多少可以贏得一些他想要的。

我們必須仔細思考這一點。畢竟**給不給的選擇權是在我們手上。大人應該是最後做決定的關鍵，願不願意答應，應該操之在己。**

面對孩子的予取予求，不要忘了一件事：最後奉上孩子想要的，還是我們自己，這怨不得別人。

化解孩子的「對立反抗」

‧你真的得妥協嗎？

當然，你很懊惱，因為孩子使用非常強勁的哭鬧，才讓你不得不妥協——但真的一定得妥協嗎？當孩子哭鬧，我們是擔心什麼？煩惱什麼？

許多時候可能是因為在那當下，我們不知道如何解決孩子的情緒問題，而選擇一個自認最快速的方法處理，但**這卻是副作用最強的方式，長久下來，可能會變成「孩子一哭鬧，你就只好給」**。

豈能束手投降

我們都急於化解眼前的問題，反正先給了再說，先解決當下的困境再說。這是很多父母常用的做法：先脫困吧！先把煩惱解決吧！至於後續的事情，等有時間再來處理。

但我們往往忽略了，所謂「有時間」再處理，到後來卻發現，孩子逐漸長大，愈來愈熟悉我們的行為模式……最後，大人將發現眼前這個「怪」愈來愈強，而我們的親子教養武器裝備卻沒有跟著加值、升等、下載及更新。

面對眼前這個「怪」，大人最後只能舉起雙手投降。隨著孩子的對立反抗行為愈練愈強勁，爸媽最後只能暫時棄守，任由孩子折騰。

找出一種「折衷」的方式

在與孩子的互動中，其實可以慢慢找到彼此能夠接受的方式。也許是你調整一步，我讓一步；你修改一下，我妥協一下……在過程中，找到彼此可以接受的交集。

很多大人會這麼想：為什麼我總是得站在孩子的立場來想？他自己應該要很清楚才對啊！他已經花了太多錢在想要的東西上，應該要懂得自律啊！如果我們一直站在孩子的立場思考，會不會我們反而失去立場？

其實，**站在孩子的立場思考，主要是有助於我們更清楚在什麼時間、什麼場合，適合以什麼樣的方式、語調及怎麼說，來與孩子進行對話。**

小心，「想要」是個無底洞

針對孩子的予取予求，我們要**先將孩子的「需要」與「想要」明確地區分出來。**

孩子的「需求」，我們適時提供，這無話可說。但是對於孩子的「想要」就另當別論了，因為欲望像個無底洞，永遠無法滿足。

同時，要視孩子的實際狀況給予；而非受制於孩子的情緒勒索與威脅，向他妥協，任意給予。並且針對孩子的想要，要「限時」（多久才給）、「限量」（給多少）。

何時該堅持？何時能妥協？

以「收拾玩具」這件事情為例，時間到了，孩子應該按照約定，把玩具收拾好。可是當我們下達了「把玩具收一收」的指令，孩子卻說：「我還要再玩！」關鍵來了：時間到了，但是孩子表達了他想要繼續玩，這個時候，我們到底要不要有彈性地妥協？還是我們必須堅持指令？

在堅持與妥協之間，我們得先回過頭來想，**孩子這樣的表現是第一次，還是已經好多次了？**便很清楚自己是否該很明確地訂出界限，讓孩子實際履行承諾。

妥協，將引發無休止的噩夢

當說好的玩玩具時間到了，**孩子不是不能繼續玩，關鍵在必須用適當的方式表達，讓大人同意他繼續玩。**

這一點非常重要。

如果孩子是較心平氣和地禮貌詢問：「我還想繼續玩，可不可以？」或許大人有可能答應。

但是，若孩子是尖叫、哭鬧、摔東西、破壞，甚至於動手打爸媽，那麼很抱歉，應該有的界限就必須很清楚地劃分出來。

別讓孩子認為他用這些不適當的表達方式，可以達到目的。當你妥協了一次，接下來，你將發現無止境的噩夢開始了。

破解孩子的「掌控」行為

面對孩子以不適當的方式表達抗議，我們大人該如何回應？

首先，請你先收起自己的強烈情緒。

對立反抗孩子使用不適當的表達方式，是預期你可能會出現一些激烈的反應。

「我激起了你的情緒，你的反應是我可以預期的」，這更強化了孩子掌控的動機，認為「我可以掌控你的情緒」。

別讓孩子的掌控行為，左右你的情緒。

孩子不在乎行為的後果，怎麼辦？
——留意處罰造成的「反效果」

「主任，阿昊那孩子又在教室裡莫名其妙地大發脾氣，竟然還給我摔桌子，指著我的鼻子叫囂，對著我丟書包。我非得通知他爸媽來學校！我一個人要面對班上二、三十個學生，哪有美國時間一直處理這種事，乾脆直接叫他爸媽把他帶回家管教。」

「趙老師，你不覺得嗎？每回我們這麼做，就像是踏入阿昊設的陷阱，他似乎也預期只要吵鬧，爸媽就會被通知來學校，接著他就可以直接回家，在家裡可爽快的很啊！」

「最好。他不來學校，我倒是樂得輕鬆。」

「話是這麼說沒錯，可是從輔導的角度來看，孩子現在動不動就拒絕老師、動不動就吵著要回家，長久下去也不是好現象。」

輔導老師、學務主任和導師圍在一起，焦頭爛額地思考如何處理阿昊這個燙手山芋。

「反正這種孩子留在班上也學不到什麼，而且還會影響到別的同學。他想回家就放他回家，讓他爸媽去煩惱這件事情，畢竟為人父母的，該對孩子這種對立反抗的態度負起責任！」

導師愈講愈火大，因為每次在班上，他只要被阿昊激怒，接下來有好幾天都很難安下心來，好好地上課與備課。

同時，班上的學生則是隔岸觀火，看著導師究竟有沒有能耐處理班上的小惡霸。其他同學的家長也開始有意見，認為讓阿昊這種孩子留在班上，嚴重影響自家小孩的學習權利，並且深怕小孩有樣學樣。

「回家啊！孩子想回家，那就乾脆讓他回家好了。」這是導師一貫的想法。

對立反抗的輔導與教養祕訣

請先拋開你的預設立場

若我們拋開預設立場，不要先入為主地認為「反正我的規定就是這樣」，願意調整自己的心態，改變對待孩子的方式，或許，就可以省卻許多處理與孩子之間衝突的力氣。

你可能有意見：對立反抗的孩子，不都是家長的教養出了問題嗎？怎麼反而要求老師在班級經營上，主動釋放這麼多的讓步？

但是說真的，與其說是讓步，我更強調這是班級經營的一種「調整」。

回家管教，對孩子是懲罰？還是福利？

關於「回家管教」，有沒有比較折衷的方式？例如讓對立反抗孩子留在學校的輔導室或學務處，而不是動不動就讓孩子回家。

孩子回家，就等於是逃避學校的學習。更重要的是，一旦孩子在家裡嘗過想做什麼就做什麼的甜頭（盡情上網似乎是最佳選項），日後很容易再以對立反抗「技巧」，換取回家管教的「福利」。

接納孩子的意見

老師們常反映，現在的學生真的是愈來愈難管、愈來愈難教了，自主性愈來愈強，意見一大堆。

其實孩子有意見並不是壞事，關鍵在於，孩子是如何表達他的意見，而我們大人又是如何看待孩子的意見。

如果發生意見不一致的狀況，是很自然的，但是假如孩子想要挑釁，或與大人產生對立，我們不能視為理所當然。

我們要試著接納，對於同一件事情，每個人會有各自不同的看法。當我們試著讓自己的接受度拓寬了，或許相對地比較容易接受會表達意見的孩子。

在此先問問你：你想不想與對立反抗孩子重新改變關係？

如果答案是否定的，你並不想，那麼你現在就可以把這本書闔起、放下，因為書中接下來的內容並不符合你的期待。

不過，可以確定的是：彼此之間的親子關係、師生關係，就只會繼續惡化。至於惡化將帶來什麼樣的後果……如果連我們大人都不在乎，悲劇的結局大概也就決定了。

輸入孩子內心的密碼，去理解他

要讓孩子感受到被尊重，首先，從我們大人做示範，釋放出應有的善意，孩子就比較容易坦露出心裡面的那扇門，甚至於釋放出密碼，讓我們有機會在輸入正確密碼後，打開門，走進他的內心去瞭解他。

如果沒有理解，而只是一味地做表面工夫，只要求孩子配合、順從，最後依然會是悲劇收場。

「警告」要限量使用

當孩子不順從、不聽話時，對孩子用警告的方式，到底好不好？

例如在學校，老師說：「你再不放尊重點，我馬上送兩支小過出去。」

這種警告的方式，有時是讓孩子瞭解，如果再不改變行為，或者依然做了不該做的事情，將會對自己帶來一些行為後果，而且這些後果是他特別在乎、在意的。

這種做法，看起來似乎能讓孩子有效地瞭解自己的「行為」與「後果」間的連結。但是，若我們用了太多警告，很容易造成孩子以後與我們相處互動時，也跟著用同樣的方法，學我們的說話方式、語調、用字遣詞和臉部表情、動作，來回應我們。

回家管教的「反效果」

在學校，有些孩子生氣了會砸桌子、摔椅子。我時常在想：為什麼這個孩子敢砸桌子、摔椅子？砸東西，到底是為了什麼目的？

有些孩子很清楚，自己的這個舉動並非想要傷害任何人，他也沒有必要傷害任何人，只要他能夠達到威嚇老師的目的即可，讓老師不敢再對他做什麼要求，甚至讓同學們對他產生一些畏懼。

這時，對他來說，目的就已經達到了。

當孩子砸了桌椅，如有損毀，要不要叫他賠？孩子要承擔的後果是什麼？該不該要求他把桌椅扶正、排列整齊？

同時，到底應該在什麼時候提出要求？是當他把桌椅弄倒的那一刻？還是等他心平氣和時？或者乾脆自己或請其他同學代為收拾，還比較快？

有些老師會擔心：假如我現在馬上去要求孩子把桌椅回復原樣，他卻根本不甩，那我該怎麼辦？我會不會反而更難堪？索性摸摸鼻子，自己去把桌椅排好了事。

遇到這種狀況，孩子其實很清楚自己做了什麼樣的舉動，我們大人可能又會產生怎樣的反應，而這些反應有助於讓他迴避厭惡、不想做的事情，甚至於達到他要的目的，比如讓老師這堂課上不下去，或是他可以離開教室，不用上課。有些孩子甚至期待由學校主動開口，要求父母帶自己回家管教，他可樂了。

把時間花在對立反抗孩子身上，不符合成本效益?!

身為父母，只能接受家裡有對立反抗的孩子。但是做老師的難免這麼想：「難道我就不能有選擇嗎？難道我不能拒絕這樣的孩子嗎？」

說真的，「拒絕」這個詞，在教育現場真的很難做到。

每一個人在看待自己的專業時，所持的角度不盡相同。就像在學校，一位老師是否想要帶比較棘手的孩子，其實與他是如何看待「教育」有關。

我們不可能期待大海永遠都風平浪靜、海水永遠湛藍，因為什麼時候會遇到驚濤駭浪，沒有人可以預期。

就如同在教學現場，雖然大多數的老師都期待能夠教到乖巧、聰明、聽話、自律的學生，除了教學比較輕鬆外，也頗有成就感。然而，當面對棘手的對立反抗孩子，逃避不了時，心裡那個脆弱的，或是不知該如何解決困境、無助的自己，就冒了出來。

「繞過這個孩子，繞過這個彎，繞過眼前的障礙物吧！」有些老師會想著自己的教學工作得繼續，那乾脆把對立反抗孩子交給行有餘力、想要好好和孩子對話的老師（例如輔導老師、資源班老師、心理師等）處理。至於自己就算了，別再花時間做白工。

這種情況令人感到心灰意冷，卻又非常現實。誰也無法強迫第一線的老師應如何看待對立反抗的學生，又該放多少心力、時間在這孩子身上。

而站在老師的立場，班上每個學生都得教，換算為成本效益來考量，將時間「耗在」對立反抗孩子身上，真的不符合經濟效益，「我所付出的成本，看不到應有的回報。」

教育如果走到這種思維，那真的是令人喪氣了。

第二章
【挫敗無力】「擺脫」遭遇對立反抗的困頓

化解孩子的「對立反抗」

孩子出現「選擇性」的配合

——柿子挑軟的吃

教室裡，鴉雀無聲。

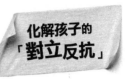

輔導主任親自坐鎮，原本喧譁的八年一班頓時安靜下來，原本搗蛋的孩子也故作若無其事地翻著課本。主任等待了一段時間，發現狀況並沒有導師所講的那麼糟糕，眼神還特別瞄了一下坐在教室後方的家鋒，看似態度也沒那麼惡劣。主任起身，悄悄地離開了教室。

這樣的入班，八年一班同學們感到有些莫名其妙。倒是家鋒很清楚，一下子是主任來，一下子輪到組長來，學校這樣的安排其實都是衝著自己，目的在於想觀察自己在班上的行為表現。但說真的，他賭爛的是班導，沒有必要和其他老師把關係弄得不好。

導師不時向輔導室、學務處抱怨「家鋒在教室裡帶頭作亂」，但兩處室的主任們倒也想法一致，「該不會又是班導和學生各自的問題？」

主任雖然沒有把話講得那麼直接，但多少在暗示導師，「你的班級經營需要做一些調整，重新和家鋒把關係建立好。」

以校方行政的立場來說，當然希望有些情況不要弄得太複雜。

導師再次進入了教室，如同以往，開始這邊要求、那邊嘮叨，只是聲音有氣無力。

「同學們不要再說話了。」

「同學，趕快進來，上課了。」

「後面的同學不要再玩了。」

「國文課本拿出來，翻到第八課。你們不要再講話了……」

整個班級又開始鬧哄哄的。導師發現，始作俑者依然是坐在後面位子的家鋒。

導師原本準備開口制止他，但是隨即又把話吞了回去，因為自己已經好幾次受挫了，要求他，規範他，管他，說他，念他，只是自取其辱，讓自己身為導師在教室裡的處境更難堪。

而別的同學們看著家鋒在班上作亂，也開始對導師的班級經營與秩序的維護，不當一回事。這對做老師的來講，真的是倍感難受，巴不得這堂課最好只要一直低著頭，自顧自地念著課文，直到下課鐘響，就這樣一節課、一節課地，過了再說……

這堂課雖然只有四十五分鐘，對於導師來講卻是無盡的漫長。

重點是今天結束之後，明天依然會再來，更何況自己還是班導師，關於班級經營，到底該如何是好？

導師心知肚明，班上的其他學生看著這情況，只是像在看一場好戲般，冷冷地觀望。除了少數心地比較善良的同學之外，多數同學未流露一絲絲的同情。

其實身為導師，並不是要學生的同情，而是期待孩子能不能有一些同理的感受。

心裡一直有很大的掙扎，自己班上出了這樣鄙視老師、不尊重老師的學生，未來當他們進入社會，會產生多麼令人堪慮的影響。

尤其是想到這樣的學生是自己教出來的，心裡面感到莫名的羞愧，不是滋味。

自己並沒有想把孩子教成這樣啊！

對立反抗的輔導與教養祕訣

躲不掉的「針對性」

當孩子發現與「某些人」互動時，只要自己用「某些」特定方式，可以預期對方會出現「某種」預期回應，就像一個刺激就有一個反應，並且屢試不爽——他就會把對立反抗當成一種工具。

對立反抗孩子會針對不同的人，選擇以不同的配合度去回應。而最糟糕的情況是，若孩子發展成誰也不埋單，這就很難纏了。

你真的無法嚥下這口氣，直覺這孩子分明是故意找自己麻煩。的確，事實擺在眼前，孩子就是有針對性。

我們不妨思考：**不同的大人，在對待這孩子的做法上，到底有什麼差別？**

當孩子不埋單，那麼需要改變的除了眼前這孩子，也包括當事人自己。

化解孩子的「對立反抗」

解鈴仍需繫鈴人

班上的對立反抗學生，有時成了各科老師之間的一種尷尬。——孩子在我的班不聽指令，挑釁我，但是對其他老師卻唯唯諾諾，配合又順從，真是令人嫉妒又欽羨。

——為什麼同一個學生，對不同的老師卻會有如此落差？到底自己是哪個環節沒有和孩子建立好關係，而讓他的態度產生如此天南地北的不同？

雖然明白解鈴仍需繫鈴人的道理，但老師已經忘了這顆「鈴」是繫在哪裡，自己又如何能把結打開。

耗損了老師的內在能量

老師很清楚，面對孩子的衝撞與對立，讓自己身為老師的自尊心有如被踩在腳底下，而且不只踩，是踩了之後，又開始前、後、左、右不斷地摩擦，自尊消失殆盡。

在一次又一次與孩子對抗的過程中，實在是耗損了內在的許多能量，比教學還吃力。

縱使有輔導室介入，透過專任輔導老師、心理師提供協助，卻只會愈來愈加深自己的羞愧感。這時老師幾乎想像得到，這孩子和專業人員的關係可以維持在一個水準，到時，自己又會收到明示或暗示，「這孩子沒有你想的那麼糟，和他建立關係沒那麼困難。老師，你要不要試著再調整自己的做法看看？」

運用「5W1H」，解析情況

透過「5W1H」（What, Who, When, Where, Why & How），讓我們仔細地來思考：**通常哪些事情、哪些大人的特質，在什麼時間、什麼地點、因為什麼原因與孩子產生衝突，而孩子又如何表達出他的對立反抗。**

同時，再次運用「5W1H」的技巧，思考孩子與身旁的重要他人，例如在家裡或在學校，有哪個人可以與孩子進行有效的溝通。

並且留意，說話的方式、語氣、技巧、眼神、表情、動作、語調，和說話的內容與說話所用的字詞等，哪些話說了或用了哪些字詞，孩子的情緒會變得更激動，或較為平穩。

我們必須非常細膩地觀察，大人與對立反抗孩子之間的互動內容及模式。

導師可能這麼想：「多管，多誤事」？

有時會聽導師抱怨：

「我是導師，整個班級的秩序都是我在管。其實這個孩子不聽話、吵鬧，對科任老師來講是無所謂的，他們只需要告訴我，『你們班上那個同學上課又怎樣怎樣』，拜託，我們班也是你們班啊，是你在上課，干我什麼事？可是到最後都變成我得去干涉，也難怪到後來我會讓學生討厭。每次都得我下去管，要不然，誰處理？」

「這個班是我在管，我對孩子有要求，他們就覺得我很煩。可是我不管，誰來管？」

確實如此，當我們對學生有太多要求，與孩子之間的碰撞機會相對就多，因此，常有導師在這種情況下，索性拒絕再玩，放任不管，導致班級秩序更加惡化。

我的建議：「誰的舞臺，誰處理」

曾有老師向我提問：「如果學生群聚的挑戰總是出現在科任課，那麼導師是否需要去協助解決？」

我會建議先由科任老師（當事人）來介入，如果在過程中，需要相關協助，導師、輔導老師、資源班老師、心理師都是支持系統。

但如果跳開科任老師，而只是由導師或其他輔導老師、心理師來協助，那麼一旦回到科任老師的教學現場，這群學生還是會有對立反抗的態度，因為孩子們依然未看見科任老師有所改變。

化解孩子的「對立反抗」

爸媽想放棄管教，怎麼辦？

——「無力感」與「挫敗感」，交替循環著

媽媽瀕臨崩潰，每到夜深人靜，內心就不時浮上想放棄的念頭……

「我可不可以放棄我的孩子，不去管她？我實在無能為力了。這麼多年來，面對莉雅的衝撞，我這個做媽媽的，自信早就碎裂不堪，自尊也不成形了。我不確定自己是否還有能力承擔『媽媽』這個角色。」

眼前的青少女像刺蝟一般，讓媽媽動輒得咎。和莉雅說話時，她總是得小心翼翼地，如臨深淵，如履薄冰，但往往一個沒注意，隨即就換來孩子的咆哮。

「你有完沒完啊？囉哩囉嗦的，吵什麼吵啊！」

媽媽真的不知道自己究竟錯在哪裡。她只是提醒莉雅，「手機已經玩那麼久了，該讓眼睛休息一下。」

「誰在玩啦！眼睛是我的，你管我那麼多，煩不煩啊！」

「真的不要玩那麼久，藍光對眼睛不好……」

「砰！」媽媽話還沒說完，莉雅就憤怒地把房門甩上了。

「我無法期待，也不敢奢求自己說的話，孩子到底願意聽進去多少。面對莉雅，真的讓我想逃避，喘口氣，最好是眼不見為淨。每當孩子放學即將回到家，我就會感到莫名的焦慮、不安，很怕跟孩子相處。」這樣的想法，實在很難對別人啟齒。

無奈的是，三不五時地，導師會透過LINE傳來莉雅在學校的惡形惡狀。

「這一次我不跟她計較，但是，假如莉雅敢繼續在我面前摔書包，那麼我也不客氣了。我一定會把舊帳跟她算清楚，絕對不會讓她把老師踩在腳底下，這是我的底線。這種傲慢、目無尊長的惡劣態度，我真的不知道從小家裡是怎麼教的。」

老師的訊息，字字句句都像箭一般，刺痛著媽媽的心。

「我可以放棄管教我的孩子嗎？」

對立反抗的輔導與教養祕訣

放棄管教，將產生無法想像的後果

孩子的對立反抗問題，往往源自於原生家庭。父母的管教態度讓孩子在看待大人時，有了偏頗與扭曲的認定，隨後也容易把這樣的負向對待，從家裡逐漸轉移、蔓延到教室裡。

是否可以放棄孩子？是否可以不要再管孩子？放棄了，不管了，那麼孩子最後會走到生命中的哪一種景況呢？

與其說無法想像，倒不如說我是不敢想像。孩子如此的對立反抗態度，一直到青春期，以至於有一天，當他進入了職場（更何況，未來職場的進入門檻愈來愈高），社會上是否足以容忍這個孩子的不尊重、目中無人？相信答案是否定的。**當爸媽和老師都決定豎起白旗，更何況跟這個孩子沒有太多關聯性的其他外人，為何得勉強自己去接納他？**

「我可以放棄管教嗎？」雖然在陪伴的過程中，爸媽一次又一次地浮上這個念頭，但終究他還是我們的孩子，儘管無奈，卻依然得面對。

父母當仁不讓，釋出溝通的善意

在同一個屋簷下，親子如果不溝通，又該如何瞭解彼此？

談溝通，需要其中一方先表現出主動、釋放出善意。這其中，**父母得當仁不讓，好好地扮演這個角色，讓孩子感受到我們想要瞭解他、認識他，想要聽聽看他的想法。**

良性的溝通，將為彼此製造一個互動的平臺，藉由一來一往，讓彼此能夠更加熟悉。而非單向式的「我說，你就照著做」，這種模式美其名是溝通，倒不如說是一種命令，為人父母一切說了算，別有任何意見的命令。

我比較擔心的是，我們會不會失去了耐性，把自己想要理解孩子的門窗關上。在這種情形下，彼此無法對話，親子關係的兩端，不是保持疏離，就是衝突不斷。

重塑自己的教養風格

要我們當爸媽的，重塑自己的親子管教態度及做法？

看到這一段，請你先不要有強烈的情緒反彈。

我一直強調，沒有所謂專業的爸爸、專業的媽媽，我們為人父母一直都在學習中。事實上，在一般親子關係當中，我們一直都在情緒、行為與教養上進行調整，而逐漸形成自己的教養風格。

別再重蹈覆轍

有時，我們會陷入一種狀態，例如明知前方是單行道，卻總是逆向將車開進去，沒多久，又被眼前疾駛而來的車子不斷地逼退，而在倒車的過程中，不時與其他車子、路旁物品產生擦撞，撞凹板金、撞斷保險桿，狀況頻生。

當我們沒有進行任何調整，一次、一次又一次地重蹈覆轍，當我們少了教養上的修正、微調，就很容易陷入一種惡性循環的狀態，讓父母管教的效能逐漸消失，孩子不配合、不順從的行為模式則被強化。而在情緒反應上，也會隨著親子相互的刺激，導致彼此情緒上的波動以及不穩定。

留意親子互動中，細微的眉角

親子關係總是需要不斷地磨合。關於親子教養方式的重塑，我們要隨時自我覺察，在教養上，有哪些是可以進行調整、改善的。

我們真的得靜下來，好好地思考自己和孩子互動中，細微的眉角。例如我們採取的講話方式、語氣、語調、音量、所使用的字詞、語句的長度等，以及在說話過程中，我們的表情、動作、手勢和肢體語言，這些都影響著孩子的情緒反應和配合度。

若是容易引發彼此對立的點，有時只要稍微繞個彎，錯開關鍵的引爆點，就可以大大地減少親子衝突的可能。

所謂「眼不見為淨」，只是假象

有些爸媽發現孩子真的不好教、不好帶，不能管，也管不動，乾脆念頭一轉，「讓孩子去讀私立學校，最好是住校，讓學校去管」，這種眼不見為淨的想法，看似讓親子關係相安無事，其實只是一種「假象」。

這種假象，來自於親子之間沒有互動、沒有交集，看似和諧無事（分隔兩地的蜜月期），但等到孩子放學了，或週末、假期回到家，與爸媽彼此過招，又會因疏離和陌生，而衝突不斷。

化解孩子的「對立反抗」

孩子可能會有怨懟

有些孩子會覺得，「你們大人既然不想管我，把我丟給學校，那我也不用配合你們。」

有的孩子會帶著怨氣、不滿與怨懟，特別是某些青春期孩子，其實並不想離開家去住校。但是自己沒有決定權，索性與爸媽保持遙遠的距離。

尋求「第三方」的介入

有的孩子和爸媽之間產生了強烈的對立反抗衝突後，彼此存在著芥蒂及刻板印象，往往造成後續溝通陷入窒礙難行的困境。

這種情況，不妨透過比較中立的第三方，並且是孩子願意接觸的人，例如爸媽的朋友或其他親戚，多少能讓孩子有意願和這個人進行對話。

有了對話，才有機會聆聽對方的想法或信息，才有機會做一些態度上、行為上的微調與改變。

先透過第三方介入，以軟化孩子的對立反抗強度。

大人的改變，請「耐久」

孩子會仔細關注我們大人的改變能夠持續多久。

有時，父母參加講座回到家之後，或許是因為聽演講時，受到現場氣氛及講師經驗打動的關係，對待孩子的方式會變得比較好、比較適當。

然而重點在於，諸如說話的語氣、語調、音量、尊重孩子的方式，以及減少過度地提醒、叮嚀等，這樣的調整是否隨著時間而減少，老問題又再度浮現。

所以我在親職講座中，常常半開玩笑地說：

「親職講座的保存期限通常不到二十四小時。除非你徹底執行在講座中聽到的內容，否則參加親子講座，只是一種安心，只是一種自己似乎對親子關係的改善做了一些付出的『想像』。然而，如果有了『執行力』，我們真的可以慢慢地感受到親子之間『質』的變化。當然，保存期限也將維持得更長久。」

孩子破壞教室秩序，怎麼辦？

——老師請自我覺察，是否「機車」上身

「老師，你不是叫我們在下課時分好四個人一組，選好之後向班長報告嗎？我們都把名單交給班長了，為什麼最後又是你自己決定組別？如果你要這麼做，那一開始就不要那麼說，簡直就是浪費我們的時間，搞屁啊！」

「對嘛！真的很機車ㄟ，每次都自己說了算，根本就是把我們當傻瓜在耍。」

講臺上，老師在上課；講臺下，同學們在七嘴八舌。

老師實在受不了了，說：「你們幾個別在那邊嚷嚷。作亂啊？別太過分了，我在上課，安靜一點不行嗎？」

然而，教室裡繼續吵嚷著，根本沒有人理會老師。

老師把音量拉高，又說：「我再講一遍，你們後面那幾個給我安靜點！」話才說完，底下的幾個孩子卻開始大聲笑了起來。

「安靜，安靜，安靜，安靜！」老師喊得愈大聲，那幾個學生反而愈鼓譟。

「安靜，安靜，安靜，安靜！……」

老師漲紅了臉，不知該如何是好，其他同學也面面相覷。

眼看著這堂課似乎上不下去了，只好祭出這個方法，「各位同學，現在把課本收起來。」

除了幾個同學仍繼續吵鬧，其他人都乖乖地收起了課本。大家原本不知道老師要做什麼，一見老師從抽屜裡拿出一落測驗卷，底下出現一陣鼓譟。

鼓譟不只來自於原先幾位破壞秩序的學生，連原本安分、守秩序的同學們也感到不以為然。

「幹麼？又來了！沒有辦法管他們，只會拿我們開刀，這算什麼啊？」

「機車！寫什麼寫？才剛考完試，現在又要寫什麼測驗卷？現在老師都那麼好當啊！都不用教書了。」

同學們你一言我一語。

坐在角落的俊勇突然站了起來，雙手揮了揮，對著全班大聲嚷著：「課本拿出來，課本拿出來！」

全班同學還真的都很配合地把課本拿出來，並嬉鬧成一團。

老師像是被點中穴道般定格了，一動也不動，尷尬地杵在講臺上。

眼見帶頭作亂的俊勇愈來愈誇張，班上吵鬧得就像被狂風吹過的滿地落葉……

「你們再這麼不守秩序，別怪我用手機全部錄下來！」

老師深吸一口氣後，鄭重地發出警告。

依然，沒有人當作一回事。

對立反抗的輔導與教養祕訣

大人請自我評估：是否真的太「機車」？

「你真的是有夠機車。」

孩子批評、抱怨我們大人很機車，對我們來說，是什麼意思？

我們是否願意停下來思索：為什麼學生會這麼解讀我的教學方法與班級經營方

式？而我在教學及帶班上，是否有一些調整的空間？

假如自我評估是沒有的，也不需要（但為何學生對我的滿意度那麼差？），又該如何來改善師生之間的關係？

不妨回過頭來自我覺察，在對學生提出要求的過程中，是否讓他們覺得沒有道理，認為我們是吹毛求疵，在雞蛋裡挑骨頭，而激起他們不爽、不滿的情緒。

與孩子互動，並不是要去討好、迎合孩子。如果我們可以先修正、先覺察自己的要求模式，或許可以有效地減少孩子在態度上對我們的反彈。

老師不需要委曲求全，也不需要去討好群聚的學生，而是彼此以一種相互尊重的方式溝通，並且解決問題。

腦力激盪：哪些屬於「機車事件」？

現在，讓我們試著腦力激盪，想想哪些會是老師讓孩子感到機車、不以為然的情況，例如：

- 不準時下課。（時間掌握好一點，很難嗎？）
- 回家作業出一大堆。（你以為我很閒嗎？）

- 不斷地抽考。（那你什麼時候在教課？）
- 寫錯了，要罰寫、罰抄，而且好多遍。（你以為是在抄《心經》、《大悲咒》是不是？）
- 採取連坐法。（干我屁事?!）
- 課堂上，一直嘮叨，一直抱怨。（有完沒完？）
- 講話常常帶著威脅，比如「我要跟你爸媽講」、「我要寫聯絡簿」。（這個老師也是靠爸、靠媽族啊。）
- 開口閉口都在罵孩子，比如「怎麼那麼糟糕」、「怎麼那麼爛」。（沒有一句好話。）
- 怎麼老是教不會？（那你就把我教會啊！）
- 總是特別喜歡某些同學。（根本就是偏心嘛。）

錄影，反而可能更激怒、刺激孩子

有老師問：「我到底可不可以把孩子在教室裡的挑釁、胡作非為錄下來，然後給他的爸媽看，讓他們看清自己的孩子有多糟糕?!」

鄭重地建議老師不要這麼做，因為在衝突發生的當下，這對孩子來說是一種極度的挑釁。

在這種情況下，家長也可能會反問：「老師，孩子那樣挑釁時，你在做什麼？」如果老師回說：「我在錄影，錄孩子的行為表現給你們看。」家長不見得會感謝，因為對於家長來說，在那當下，老師應該要思考如何有效地讓孩子的情緒緩和下來、如何讓他的態度改變，而不是做出更容易激怒他、刺激他的舉動。

全都錄下來，學生與老師都無所遁形

當我們採取錄影的方式，反而將造成更大的副作用，產生自己無法預期的反效果。

在我服務的校園裡，曾經有位組長給我看一段影片。當時我看了之後，只問組長一件事情，「這段影片我看了之後，還有誰會看？」

組長表示，「就只是讓你看，讓你瞭解老師處理孩子對立反抗行為的情況。」

我很直接地要求組長，「我看完之後，能否把這段影片刪掉？」（怎麼聽起來像是要毀滅證據。）

為什麼我建議刪掉影片？因為從影片裡，我發現一件事：整個過程中，老師的處理方式，其實是不斷地挑起孩子的情緒。

當時，老師沒收了一個學生的立可白，這孩子在老師的辦公室座位前，不斷地對老師說：「你還我，你還我，你還我。」

坐在位子上的老師不斷地嗆：「你來拿啊，你來拿啊，你過來拿啊。有本事，你過來拿啊！」

孩子則像原地踏步一樣，一直對老師說：「你還我，你還我，你還我。」

整個過程中，我看到了孩子控制得非常好，然而，老師卻一再地拋出挑釁。

當老師決定錄影，也要有心理準備，在這個過程中，同樣也把自己的處理模式錄了下來。

甚至有可能，一旦家長發現老師在錄孩子，家長的情緒也會被刺激起來。

當學生對老師進行「反錄影」

現在的教室生態很殘酷，也很現實，有的學生也會拿起手機反錄老師的教學，甚至於斷章取義地上傳社群網路FB、LINE群組。

對老師來講，這種「反錄影」也是一種挑釁。

你對學生說：「你給我把手機收起來，有沒有聽到？」孩子卻完全不理會，繼續拿著他的手機錄你的反應。

「我再警告你一次，你現在馬上收起來。你得尊重我的肖像權。請你把手機收起來。」你如此要求孩子，但孩子依然不為所動。

你已經下達了指令，孩子卻不聽，你發現自己的情緒愈來愈激動，你可能伸手要去拿孩子的手機，孩子二話不說就把你的手撥開。

當兩個人的肢體碰觸了，衝突便很容易一觸即發。

關於錄影，真的得三思。這種舉動往往也隱含著：我要監控你，我要管理你，是一種反映了「上對下」的關係。

如果沒有經過孩子的同意，就貿然地錄影，很容易會激怒孩子，進而引發一些我們無法預期的衝突。

除非老師非常有把握自己的處理過程是適當的，否則，這麼做除了更刺激孩子，也暴露了自己在處理上的弱點與盲點。

錄影，有時卻是一種「自我保護」

有一回，我在學校帶團體，有一個學生執意要離開教室。但是在那當下，我不可能讓他離開，因為那堂課是由我在帶領團體，因此我很本能地守住門口。

當時，孩子十分憤怒，他把口水塗抹在手上，搓揉著手心，接著突然衝向我，將滿手的口水塗抹在我穿短袖襯衫露出的手臂上。

這個突如其來的舉動雖然讓我一時錯愕，但我依然不為所動，繼續擋住門口。孩子用手摸了我的手臂之後，發現我的反應不如他的預期，他也愣住了。

這堂團體課程是有錄影的，主要目的是將團體活動錄下來，提供相關老師參考。由於孩子突如其來的反抗行為，我決定走向錄影機，對著鏡頭，把自己剛才這麼做的原因詳實地說出來。這麼做，是一種自我保護的作用，特別是讓家長可以瞭解，我為什麼選擇這樣的堅持。

建議在使用錄影設備時，先清楚地向孩子解釋錄影的目的與作用。否則，在未告知的情況下，反而很容易帶來風險。

老師拿學生沒辦法，怎麼辦？

——別讓班級經營陷入死胡同

又開始了，明知允璇話中帶刺是故意挑釁，導師還是被她激怒了，「你講話為什麼那麼尖酸刻薄？我到底是哪一點惹到你？給我說個清楚啊！」

允璇瞥了老師一眼，「到底要怎樣啦，你煩不煩啊？老是在說些咖啡話。」

「等一下，你到底知不知道你在講什麼？」

「又怎樣啦。」

老師更氣了，「不要總是一副不耐煩的樣子。你以為我想跟你說話嗎？」

「那你就不要說啊！」

「我不說，你會改嗎？」

「改什麼改？你有完沒完啊！」

一個在講臺上，一個在座位上，師生倆一來一往地針鋒相對。

老師說：「我就是受不了你這個態度！」

允璇也不甘示弱地回嘴說：「那你就不要管啊！」

「我上課到底哪一點惹到你了？」老師怒罵。

允璇還是繼續碎念著，讓老師感到怒不可抑。

「給我說清楚，你到底在不滿什麼？如果你心裡有什麼話，就把它說出來。我哪一點做錯了？」

面對怒氣沖天的導師，允璇給了個白眼。

「無聊。」

眼見其他同學們在底下竊笑，做老師的心裡很不是滋味。更令人忐忑的是，允璇的傲慢態度，似乎在班上吹起了一股模仿風，同學們開始有樣學樣。這段時間，導師帶班越發感到吃力。

「同學們，安靜，不要再吵了。」

「你為什麼還在那邊走動？」

「這位同學，你怎麼還不進教室？」

「別在那邊滑手機。」

「把手機關靜音。」

「你們到底有沒有在聽我說話?!」

班級經營，瀕臨失控。

對立反抗的輔導與教養祕訣

排山倒海而來的「怎麼辦？」

面對教室裡的對立反抗孩子，老師有好多煩惱：

課上不下去，怎麼辦？

感到不受尊重，怎麼辦？

化解孩子的「對立反抗」

如何向其他學生說明情況？

當我對當事人說起道理，孩子的情緒更激動，怎麼辦？

如果孩子根本不甩我，怎麼辦？

當孩子不斷地挑釁，一直打斷我上課，怎麼辦？

有時，明明前一晚都備課好了，可是因為思緒被孩子打斷，而無法把課上好，面對這樣的壓力，怎麼辦？這使我感到丟臉、羞愧，怎麼辦？

其他學生也有樣學樣，怎麼辦？

我的情緒被撩撥起來了，怎麼辦？

如何能繼續把課上下去？

課堂時間有限，我沒那麼多時間及心思處理，怎麼辦？

學生又會怎麼看待我的處理方式？

我要不要在第一時間就去尋找協助資源，例如找學務處、輔導室、資源班，或者打通電話、發封訊息，請家長到學校來？

如果不尋求協助，自己是否有能力招架？

別讓班級經營陷入死胡同

關於班級經營方式，有許多種選擇，只是今天我們選擇了方法A（例如負面提醒、當場指責、糾正等）。但我們可以仔細想想：用方法A帶班是否有成效，有助於讓教學節奏更為流暢？

假如沒有辦法，那麼繼續用A這種做法，只會造成師生關係更加惡化。

如果我們有機會選擇B、C、D等方法，也可以提供另外一種思考。班級經營的方式可以很多元的，特別是當我們將不同孩子的身心特質考量進去。

或許，方法B、C、D挑戰著我們過去面對孩子的做法，然而，在腦力激盪去思考B、C、D的過程中，其實我們也重新找到了屬於自己的適當教學模式，一種有助於教學流暢，並且讓師生關係和諧的方式。

請提醒自己：**解決眼前問題的方法，不會只有一種**，別讓自己的班級經營陷入死胡同。

化解孩子的「對立反抗」

在制式中，也帶點彈性

以目前的教育現場，當我們用強硬的方式對待孩子時，會發現自己與孩子的衝突在所難免，而這往往導致老師要花費更多的時間、心力，處理班上的狀況。

班級經營，對老師來說是一項很大的挑戰，來自於不同家庭的學生們聚集在一起，每個孩子看待眼前大人的態度、彼此關係如何建立，都不盡相同。若我們只想用一種特定方式帶班，在不瞭解學生的情況下，很容易產生衝突。

當然，或許從教室經營及管理來講，老師的確需要有一套標準模式，但是如果能**拿捏得更細膩，也許面對不同的孩子，就可以選擇不同的說話語調、說話方式、內容與互動的模式。**

面臨學生「群聚」反抗的威脅，需要「第三方」介入協助

當班上已經有一群孩子群聚起來，挑戰老師的教學與班級經營，使得老師招架不住，而無法有效地進行約束——在這種情形下，老師該如何是好？

以現實來講，要期待被嗆的老師與這群同學進行對話，可想而知，難度是相當高的，畢竟這群同學對老師並不買帳，很難配合。

一、由「第三方」帶孩子進行團體對話

這時，需要的是第三方的優先介入，例如由輔導室或學務處的老師出面，與這群在班上無法遵守、配合常規的學生，進行團體對話。

在團體對話的過程中，可想見會有一種現象發生：孩子們會不時把矛頭指向他們排擠的老師，你會聽到不管千錯萬錯、都是老師的錯，例如「誰叫老師不準時下課」、「他的課真的是太無聊了」、「囉哩囉嗦的，管那麼多」。

不管這些理由、藉口是什麼，其實孩子的訴求還是這一點：千錯萬錯，全是老師的錯，都不是自己的錯。

因此，在進行團體對話時，帶領的老師要能將話題引回在場的學生，引領他們覺察自己的行為，而不將問題歸咎給他人。孩子知道自己在做什麼嗎？至少孩子得清楚自己的所作所為。至於是因為老師在教學上有哪些地方被詬病，這是兩回事。

也就是說，**老師的教學有瑕疵，不等於孩子可以使用這種羞辱老師的行為模式。孩子們可以有意見、有情緒、對老師反感，但是，他們不能用如此傷害別人自尊心的方式表達。**

二、傾聽孩子，但也讓孩子為自己的行為負責

班上的學生群聚挑釁或挑戰，往往讓老師感覺學生在對自己進行言語上的霸凌，而明顯感到自尊受傷。

對於這樣的狀況，我們也要讓孩子瞭解，他們必須對自己的行為負責，承擔該有的責任。

同時在過程中，聽聽看這群孩子認為心目中的老師該怎麼做。並且也要讓孩子們省思，他們是否也做到了自己身為學生，在教室裡應有的表現。

無理的要求，有理的堅持

有些孩子會要求換老師。然而，並不是孩子開口說，學校就會換老師，這不是單方面一廂情願能決定的。

教學生態是很複雜的。假如調整了老師，而這一群孩子們在換了新老師之後，行為上也立即做出了修正，我們可以來思考：關鍵的環節到底在哪裡？

我依然要強調，對立反抗的問題，不會只是歸咎於某一方。差別只在於師生之間，各自需要調整的比例占了多少。

思考孩子行為的「目的」

思考一下：為什麼孩子總是採取這樣的方式，做為他達到目的的手段？

孩子「發脾氣」的模式多少告訴了我們，這個方法有作用，這個方法可以達到他所要達到的目的。我們為什麼就因此受孩子支配？任孩子擺布？

「那心理師你說，我該怎麼辦？我有一堂課要上，但是這個孩子在教室裡就這樣狂發脾氣，你說我的課到底該怎麼辦？」老師可能會這麼問。

學生正是吃定了老師得上課。孩子非常清楚，老師有課程進度必須進行，他只要打斷教學，很容易讓老師陷入焦慮的狀態。

這種時間的壓迫感，很容易讓老師妥協了，或放棄了，或是被迫激怒了，而採取了孩子所預設的行為模式。

當老師選擇「拒絕再玩」……

沒錯，在校園服務的過程中，我遇過有些導師、科任老師最後乾脆做出了這個選擇：

「我不跟他玩了。他要怎麼吵、怎麼鬧，那是他家的事。他想離開教室，有本事就離開，我記他曠課。反正，他上課想要趴著就趴著。段考考不好，那他就得自己承擔考不好的結果。」

當老師選擇不玩了，就是在告訴孩子：我不想管你，我也管不著你。這會讓孩子更加造次，最終老師的課程還是沒有辦法上下去。看似我們不想有所作為，到後來，反而造成自己的課程更難進行，反而得不償失。

甚至，會引起其他學生的反彈，造成第二個、第三個、第四個對立反抗孩子出現，大家有樣學樣。弄到最後，老師的整個班級經營就此崩盤。

老師的傷，誰能懂？

——逃離羞愧的惡劣氣氛

好幾回了，車子就快開到校門口，原本很自然地打個方向燈右轉，就能從學校側門駛進停車場，陳老師卻急踩油門，決定讓車子直駛而去。

雖然她清楚離上課鐘響僅剩一些些時間，心裡卻非常抗拒走進校園，就像一些拒學的孩子百般不願意踏進教室，以逃避那種令人窒息的氣氛。

這段時間，只要一接近學校，陳老師心裡就燃起一股焦慮。她很清楚這份焦慮產生的原因——一想到待會兒要上這班的課，又會遇上洛芬的挑釁，她就想逃。她實在不知道該如何面對班上的這個青少女。

過往的教學生涯中，擔任音樂老師的她非常努力地花心思精進專業，同時想方設法地研究，如何鼓勵班上的孩子對音樂更感興趣，更願意嘗試或欣賞、聆聽。對她來說，音樂老師不只是工作，也是令她感到驕傲、並帶給她鼓舞的事。

只是，現在一走進音樂教室，望見洛芬的臉，她就感到非常厭惡。

是的，「厭惡」——有一段時間，她因自己有這種感覺而自責，因為直覺一個老師不應該對學生產生這樣的感受。

但是，這種厭惡感隨著時間日久，愈來愈強烈，令她感到胸悶、難受。她不只是厭惡學生，更厭惡自己為什麼沒有能力與洛芬建立好關係，厭惡自己為什麼就是找不到一種有效的應對方式。

她很清楚以學校的立場來看，不管是導師，或是科任、實習與代課老師，只要站在講臺上，除了教學以外，「班級經營」也是教師責任的一環。

車子駛離了學校，愈來愈遠。

眼見上課時間漸漸逼近，陳老師焦慮地矛盾煎熬著。

「要不要繞回學校？」她猶豫。

然而，洛芬的臉龐清晰地浮現腦海。

對立反抗的輔導與教養祕訣

焦慮的無盡煎熬

這種不想踏入校園的感受，我也曾有相當深刻的經驗。回想箇中原因，往往在於陷入了一種焦慮，不知自己在教學、帶領團體，以及與孩子間建立關係等的專業，別人是如何看待，會不會有所質疑。

尤其是面對眼前的一群孩子們，心裡會疑惑，他們是如何看我這個老師，會不會認為我怎麼如此不堪，被班上的特定同學如此挑釁、羞辱，卻無能為力。這樣的無能為力，總令我感到羞愧萬分。

牽起「溝通」的那條線

你心裡可能在想：「拜託，這孩子態度那麼差，他都不尊重我了，我哪想要跟他溝通？」

大人與對立反抗孩子之間的關係，的確出了問題。

化解孩子的「對立反抗」

與對立反抗孩子互動時，讓他感受到「被尊重」是非常必要的。**尊重，不是對他低聲下氣或委曲求全，而是我們可以多釋放一些善意的訊息**，例如「我想聽聽看你的意見」、「我想參考一下你的想法」，避免讓孩子直覺地認為，我們就是以上對下，命令他、要求他配合。

僅止於「分享」，別有所期待

對立反抗孩子常會在「被要求」這件事情上，和大人產生衝突。

由此不禁令人思考：在與這些孩子對話時，如果我們不是用要求的，而是主動和孩子「分享」，情況應該會變得不一樣。

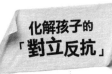

但是，請提醒自己，**不要在分享中放入太多期待，或是讓孩子覺得我們似乎在貶抑、批評或要求他。**

有時你主動分享一些想法，或許會覺得怎麼是熱臉貼冷屁股，尤其是當孩子認為我們分享的事物太無趣，或認為我們是一廂情願。

可以想見，你的情緒正被挑弄著，但我們也必須停下來想想：為什麼我們的情緒會被誘發起來？是否因為我們心裡存有一些既定印象，認為在與孩子互動的過程中，他應該要，甚至是一定要做出我們大人期待的反應？

大人的疑惑：「為何是我改變？」

面對孩子的對立反抗，許多大人實在不願意承認，也很難接受的一點是：為什麼是我們大人的問題？

講話態度惡劣、不禮貌的明明是孩子，為什麼要改變的卻是大人？難道是我們的問題嗎？再怎麼想，我們都不認為是自己的錯，因為行為表現有問題的是孩子，為什麼會是自己呢？

去歸咎到底是誰的錯，這樣的追究難免傷和氣。與其互相產生批判，倒不如彼此鼓勵，試著做一些不同的嘗試及改變。**大人先做示範，在孩子面前，呈現出一種我們穩定的、成熟的與適當的情緒表達。**

當我們用方法A來處理，但是孩子的反彈很大，我們就要考慮是否試著改用B、C、D，或者其他的方式，來解決眼前的狀況。

跳開「執著」的框架

我們大人先拋開執著，多少可以讓自己比較釋懷。

當然，溝通的目的，主要是讓彼此有所瞭解。因此，我們也可以善用「具體的」多肯定、多鼓勵，反映出孩子實際表現出來的特質。

例如不吝於和孩子分享，對他說：「老師發現你真的很會跑步，全班跑步速度最快的就是你，爆發力最強的也是你。」

講完之後，也許得到的反應是「屁啊」，令你很難釋懷。

孩子的這種回答，的確讓人聽起來不是很舒服，不過，**有些孩子這樣回應，或許是在表達他已經接收到了，只是他以青少年常見的用語來回答，讓你感受到的是他不以為然。**

你只要笑笑地接下他的球就好。我們已經做了我們該做的事情，至於他要怎麼回應，那就是另一回事了。

讓孩子感受到我們的開放，畢竟，你只是想要表達你對他的瞭解，至於他的反應是什麼，暫時先不管。

當你發現自己不會那麼執著在「大人與孩子之間應該如何」的細節上，那麼，

孩子也比較容易發現你的不一樣。你不再是只會要求孩子配合的大人，他對你的態度也會有所改變。

「誰」的最佳利益？

對於老師來講，比較消極的想法是：「我班上有三十個人，扣掉那兩、三個態度不好的孩子，還有二十七、八個學生要照顧。我只要維持這二十七、八個學生的最佳利益，只要自己撐得過去，或許這兩、三個學生就可以完全不用去管了，他們想幹麼就幹麼，後果得由他們自己去承擔。」

在實務上，的確有老師抱持著如此的消極應對態度，甚至有時不只是老師，包括行政，整個校園氣氛就是以這種態度應對。

可惜的是，這往往造成孩子的問題變本加厲，更加惡化，最終導致不可逆的後果。我們很難想像最後會演變成怎樣的景況，但可想而知，無論大人或孩子都將付出可觀代價。

無言的結局

對立反抗牽涉的是兩個人之間的關係，如果大人沒有任何想要改變的意願，那很抱歉，結局已經出來了：孩子依然不配合你，孩子依然會挑戰你、挑釁你，孩子依然會企圖撼動你原本的權力，並且掌控你。

一定要勉強和解嗎？

當師生出現衝突，老師是否一定要與孩子進行和解？

從理想的狀態來講，師生之間能夠和解，當然是最令人期待的事。只是對於部分老師來說，面對眼前的學生，自己承受著沉重的心理壓力，甚至於創傷，那麼，是否仍要勉為其難地和解，讓自己委曲求全，繼續遭受這場負面風暴呢？

發生了如此的師生衝突，校園內的行政支持系統，例如輔導、特教、學務等介入，有其必要性。

但是對於當事人來說，假如這樣的介入依然起不了作用，學生所帶來的威脅感無所不在，這時，除非老師的角色可以重新調整，比如換老師，或學生調到其他班級，或者遇到該名老師的課程時，學生抽離到輔導室、資源班，讓師生在校園裡有段時間不至於接觸，才有可能讓雙方維持在一種平行狀態，彼此的情緒才有空間休養生息。

然而，以我歷年來的實務經驗，要達到這樣的調整，機率相當低。因此，在理想和現實之間，還有許多是我們必須面對或折衷的。

的確，有些事情真的勉強不來，但是當我們又深陷其中時，只能再度期待相關的支持系統及資源，能夠發揮它的作用與成效。

如果你真的覺得眼前這個孩子的態度傷了你，讓你不願意再與他面對面接觸，這沒關係，有些事情先不執著，特別是當我們已經很努力地思考過、嘗試過，想要讓彼此的關係有些改變。

不用勉強自己一定要與孩子立即和解，給自己一些時間沉澱吧。

對立反抗，是誰有問題？

——一堵難以跨越的對話高牆

「我才不要進去！我幹麼要進去？我要回家。要去，你們去！」

儘管治療所的門鈴聲還沒響起，但是已經隱約聽見門外傳來小男孩暴怒的聲音。心理師把門打開，只見小男孩雙手握拳，兩眼火紅地瞪視著自己。

爸媽非常不好意思地對心理師點點頭，雙手輕輕推著小男孩的肩膀，但是他硬邦邦的不為所動。對於眼前這場面，做爸媽的有些尷尬，不時說著抱歉。

小男孩在門口佇立了許久，直到爸媽和他談妥了條件，才心不甘情不願地走進治療所。

一開始，孩子不願意坐下來，心理師趨前，微笑看著孩子，小男孩斜瞪了心理師一眼，才勉為其難地坐了下來，依然顯現出不耐。

一旁的爸媽互望著彼此，不知道誰要先開口，深怕自己不小心說了哪句話又刺激到孩子。

由於現場氣氛顯得有些凝滯，心理師決定轉移一下氣氛，問小男孩：「你想留在這裡，和爸媽一起討論？還是你想要先進入遊戲間？」

孩子勉為其難地選擇進入遊戲間。

夫妻倆這才開始娓娓道來他們兩人在家裡的為難。

很明顯地，孩子對於爸媽的話，根本連理都不理、聽都不聽，在家就像個小霸王，想做什麼，就做什麼。

要說父母都寵孩子嗎？他們倒也不否認。可是兩人實在搞不懂，這個家中唯一的孩子，為什麼如此難帶？

麻煩的是，孩子的脾氣逐漸從家裡蔓延到教室，老師不時傳訊息給他們，抱怨孩子在學校有多麼不聽話。

心理師也在推敲：孩子是如何看待眼前這位陌生的心理師？

對立反抗的輔導與教養祕訣

當孩子生氣、易怒，我們大人是否可以軟弱？

對立反抗孩子非常敏感，容易反彈，無論是大人的講話語氣、口吻、字眼、語調或表達方式等，他們就像刺蝟般，很容易被激起情緒。這讓大人們覺得動輒得咎，常感到莫名其妙：自己到底做錯了什麼事？說錯了什麼話？為何這孩子要發這麼大的脾氣？

孩子總是莫名地易怒、煩躁，有時只是輕輕地提醒、叮嚀，孩子就暴怒，大人就像踩在滿是地雷的禁區，一不小心，就會引爆彼此的情緒。

不過回過頭來，我們不妨好好想想這件事：**孩子生氣、易怒，大人為何如此頭痛？**

是對於孩子生氣招架不住，不知該如何解決，產生挫折而懊惱？

是孩子生氣，踩到了大人的自尊與底線？

是大人本身也非常易感，自己的情緒也很容易被點燃？

是擔心周遭的他人如何看自己？

在日劇《同期的櫻》（同期のサクラ）裡，女主角北野櫻的阿公對她說：「成

為成熟的大人，就是承認自己的軟弱。」同樣地，我們也可以來思考這一點：

當孩子生氣、易怒，我們大人是否可以軟弱？

難以跨越的高牆

在輔導對立反抗的孩子時，常遇到一種嚴峻的挑戰，就是孩子本身的改變動機相當薄弱。這也是在處理過程中，非常關鍵的一道難解高牆。

也就因為這個難關的存在，更需要我們逐漸地鬆動孩子的動機及立場，讓孩子瞭解我們是互相友善的對待，多少能換來彼此愉悅的心情，並且讓孩子慢慢感受到，換一種方式，對自己也是有利的事。

對立反抗兒童與青少年，大都沒有病識感。孩子總認為：「千錯萬錯都是別人的錯。我哪有什麼錯？我哪是在生氣？我哪是在對立？我是在捍衛權利。」當然還有：「我的態度哪裡有問題了？」

許多爸媽面對這樣的狀況，其實是非常無力又無奈的，因為長期下來，孩子完全處在一個制高點，爸媽則經常處於挨打的狀態，孩子想幹麼就幹麼，為所欲為，根本不聽爸媽的要求。

不過，對立反抗的大部分成因，往往來自於孩子在成長過程中，與大人的相處，一步一步逐漸演變而成。因此，遇到孩子對立反抗，爸媽在「第一時間」的反應和態度是非常重要的。

化解孩子的「對立反抗」

是誰授權讓大人做決定的？

有時，孩子會質疑：

「為什麼都是你們大人自作主張在安排？為什麼你們都沒有來問過我到底想不想？」

「你們認為我應該去做輔導就輔導，我根本沒這個意願，為什麼你們一定要強迫我去？你們大人都說是為我好，但是我根本感受不到，那到底是誰來決定這個好不好？」

我們可以和孩子敞開心來談，「我也在想，為什麼我們的關係會演變到今天這種狀態。我也在思考，我們之間的問題到底在哪裡。」

孩子多半會說：「是你有問題，我可沒問題。」

但是，請先別跟孩子辯論起到底是你的問題，還是我的問題。可以確定的是，你們的關係的確出了問題。**請對孩子釋放出你想要修復這份關係的心意，同時雙方一起來思索：為了修復關係，彼此可以做些什麼。**

讓對立反抗孩子參加輔導會談，是老師的挑戰

「幹！有什麼好談的？我幹麼浪費時間在那種廢人身上，有什麼事情就攤開在教室裡面，大家說清楚啦！」

關於對立反抗孩子的晤談安排，對於聯繫的輔導老師或學務處老師來說，往往是一項挑戰。

一般而言，國小的孩子對於輔導時間的約談安排，比較容易配合，通常時間一到，孩子就自行前往輔導室（只要別挑到他喜歡的課），或許是擺著一張撲克臉，心不甘情不願，但還是會去。然而，換成青春期的孩子，比如國中生、高中生，會不會乖乖去晤談，那可就不一定了。

「什麼叫廢人？你現在給我說清楚？」聽到這裡，身為協調老師的你，情緒可能上來了。

但你確定真的要讓孩子「說清楚」嗎？

化解孩子的「對立反抗」

單單「廢人」這個詞，你就很想要糾正他，對他講起道理，「你這麼說是非常不尊重老師！」不過老實說，**你的「教訓」一啟動，這齣戲就準備謝謝收看，沒戲唱了。**更激烈點，一場對立反抗的武戲就此拉開序幕——當然，這絕對不是首演。

或許，被嗆的老師也可能會認為彼此有什麼好談的，「他根本不尊重我，我幹麼要花時間在他身上？」

一場孽緣，繼續糾纏不清。

善意的陪伴

或許孩子表達出來的是他覺得無所謂，也根本不覺得有必要和爸媽、老師改變關係。

不過，我還是會拋出一些想法，試著讓孩子去思考：

- 這樣的衝突，真的是他期待的嗎？
- 真的會讓他在家裡、在學校，感覺到輕鬆、自在、安心、快樂嗎？
- 對他來說，這樣的衝突，真正的目的又是什麼？除了挑起老師的情緒，讓自己達到滿足感，想要操控老師的班級經營，獲得成就感之外，是否還有其他的目的？

在與孩子討論的過程中，並非要告訴他，「你做錯了，你不應該有這種行為。」而是聚焦在關係的微調和修正，讓孩子能夠與生命中的重要他人，重新修復彼此的關係。

我經常提到，對立反抗孩子並沒有尋求改變的動機，除非在這個當下，他願意和眼前的大人，例如輔導老師、心理師、導師開口對話。讓孩子瞭解，在他身旁，其實有另外一個大人，能夠聆聽他的想法，能夠支持他、協助他一起來面對問題，思考其他的問題解決模式。

在這互動過程中，讓孩子透過所接觸的大人，去感受大人是用哪種說話方式、說話的語氣來進行溝通，他也多少能微幅修正自己的應對態度。

給孩子讚賞，別太省

在面對老師的演講場合，我常向聽眾拋出這個問題，「你最近一次具體地賞識孩子，是什麼時候？」

化解孩子的「對立反抗」

望著現場老師一片漠然的表情，我拿一部電影片名開玩笑說：「看起來像是『被偷走的那五年』。」老師似乎已經好多年沒有具體賞識孩子了。接著，我便要求現場老師讚美我、肯定我，而且要愈具體愈好。

當老師願意給予學生友善的賞識、具體的回應，相信孩子一定可以感受到老師的善意。

我深信，賞識有助於消弭對立反抗。

你最近賞識孩子、具體地回應孩子，是什麼時候？

你得多用力，才回想得起來？

面對「非自願」接受輔導的孩子

——關於輔導成效的質疑

志源來了。

他蹺著二郎腿坐在椅子上，眼神飄來飄去。面對他的吊兒郎當，輔導老師還在考慮該不該勸阻時，孩子先開口了。

「TMD！我根本懶得理他，要不是因為不用上數學，我才懶得來輔導室。輔導什麼？輔導誰呀？我看那個爛老師才是欠輔導。」

輔導老師心想：「還好這些話不是衝著我來。」

但很明顯，學生人是來了，卻不等於願意配合。

其實，擔任輔導老師的這些年來，他常常提醒自己最好不要期待學生「配

化解孩子的「對立反抗」

合」，特別是面對對立反抗孩子，期待愈多，失望愈大。

「今天我們來談談你和導師之間的關係……」

輔導老師才剛開口，志源的火氣就直朝著自己猛噴而來。

「關係？誰想要跟他保持什麼關係！有沒有搞錯啊?!」

身為輔導人員，如何按捺住自己的情緒，老實說也是一門修養與功力，總不能孩子來到輔導室，最後自己卻和他互嗆起來。

但是，學生長久以來都不願意談論與導師之間的關係。這樣的輔導成效，到底有多大的作用？

說到「輔導成效」這個敏感詞，輔導老師捫心自問：「我期待的成效，到底是什麼？」

初期的設定，在於孩子是否可以調整對導師的說話態度。但是，每回只要一觸動這個話題，就會換來志源的白眼及不配合的態度，往往又把這份輔導關係往外推向了遙遠的那一方。更進一步地說，他和志源連關係都還沒有建立呢。

對於輔導老師來說，最莫名的壓力，來自於周圍的人對於輔導成效的質疑。

導師就對他這麼說：「你看，志源沒上數學課，到輔導室這麼多次，但他對我的態度還是這麼惡劣。我看只是在浪費時間而已。輔導什麼？乾脆直接記個大過，讓他畢不了業算了。」

對立反抗的輔導到底有沒有成效呢？輔導老師不會把話說死，因為每一個孩子的問題的排列組合不盡相同，有時只是老師換了一種態度，結果發現孩子就跟著有了明顯改變。

令人頭痛的狀況是，第一線老師總認為是孩子自身需要調整，因為班上其他人並沒有這種態度，可是……「老師不改，成效怎麼出得來呢？」輔導老師心裡嘀咕著。

對立反抗的輔導與教養祕訣

孩子跟你見面，要對他有「利多」

「我們想幫助你，你需要改變。」當我們釋放出這樣的訊息，非自願接受輔導的孩子往往不領情。

跟你見面，對他來講有什麼好處？

除非和你談話，有些他不想上的課，可以光明正大地不用上，例如請公假，或者利用數學課、國文課、英語課等來晤談。但請記得，可別抽一般孩子喜愛的體育課或電腦課，如果是這些時段，孩子很可能不甩你。

換位思考：我為何接受輔導？

請給我一個理由：為什麼對立反抗孩子需要接受輔導？

在這裡要強調的是，**請以「孩子」的立場來考量。**（白話來說就是，如何讓孩子認為他需要被安排輔導諮商。）

對立反抗孩子參加輔導諮商，大多是非自願的。

我們可以想想：為什麼當事人需要和被他嗆的老師會談，或者與輔導老師、心理師晤談？他明明看不出自己有什麼地方需要改變啊。

我們不能一廂情願地認為，與孩子晤談對他有幫助（當事人可不這麼認為）。

對於對立反抗孩子來說，維持現狀既可讓他繼續掌控整個教室裡的生態，取得主控權，而班上的老師根本也拿他沒辦法。同學們看待自己，就像是從舞臺下抬頭仰望，這種被關注、受矚目的程度，有時如同巨星一般，他為什麼需要改變？

所以孩子來進行輔導諮商，是沒有任何動機的——除非他察覺到你和他談之前，釋放了一種善意，讓他覺得值得和你一談。

老師要放下身段，真的不容易

放下身段，對於被嗆的老師來說，這是最難釋懷、也最難做到的一件事。

「為什麼我還得放下身段，來和這個不尊重人、不懂禮貌又態度惡劣的學生對話？為什麼我得好好坐下來跟他談？門都沒有！」

這樣的反應，我們可以想像，也可以預期。

但說真的，你不願意……然後呢？這個問題依然沒有解決。

我彷彿聽到你在說：「就記他過，按照校規來處理啊！」

可是這麼做，對孩子沒有多大的影響。回到教室裡，他依然會嗆你。

找到孩子願意對話的人

輔導對立反抗孩子時，我常常會問學校的老師：在整個校園裡面，有沒有哪一位老師，孩子願意和他對話？

在師生之間，我們最不希望看見的情況是，孩子根本不想和任何老師進行溝通。當這樣的狀況發生，往往形成了師生關係的死結。我們要思考：偌大的校園裡，為什麼沒有任何一位老師可以好好地與孩子進行對話？

期待對立反抗孩子有所改變，關鍵在於他能遇到一個大人，而這個大人的行為、說話方式與態度，是孩子認為可做為參考與仿效對象的。

建立關係要有「尊重」與「瞭解」，而不是命令

初期重點，聚焦在彼此關係的建立。要建立關係，對每個孩子管用的方法不盡相同，有些孩子是投其所好，有些孩子是發現你這個人講話還挺有意思、挺有趣的，有些孩子發現你是真心關心他，或是對你的話題、嗜好感興趣，他覺得似乎可以再花一些時間，跟你多聊聊。

要建立關係，絕對不是靠什麼刻意討好的技巧，而是讓我們回歸到相互尊重，相互釋放出「我想瞭解你」的訊息，而不是在當中暗藏著「我想要命令你」。

破除刻板印象

對立反抗孩子很容易被形容為壞孩子，讓人先入為主地畫上一個等號：對立反

抗＝壞。某種程度上，其實是直接表明了我們對孩子的拒絕和否定。

與其說我們想要讓孩子好好聽話，倒不如說，孩子要練習以適當的行為舉止、說話方式，來表達他內在的想法。

我們並不是要訓練出一個唯唯諾諾、凡事一切按照大人的指令做事情的孩子，而是要讓孩子有機會透過適當的方式，爭取自己的權益。

在這當中，我們調整自己的思考，將有助於我們重新看待與孩子之間的關係。

優先目標是與孩子「好好談」

「好好談」——我們都期待可以跟孩子進行一場「好好談」的溝通。過程中，先讓孩子試著把他心裡的話說出來，比如一些想法、一些感受。

或許在說的過程中，依然參雜了許多三字經、粗話、辱罵，或者他的表情、動作、言行舉止，還是讓你覺得不以為然，不過，**只要這些字眼或者不適合的情況，明顯比之前少，其他的可暫時先擱置到一旁，別去管**。先不要把戰線拉大。一步一步來，我們優先的目的還是希望孩子能夠把他的想法、感受說出來。

讓孩子願意把心裡的話講出來，縱使是滿滿對老師的不滿也行。當我們接收到他的話，也讓他實際感受到我們願意聆聽——至少在當下，不像以往的其他大人馬上進行批判，那麼，孩子逐漸修正後續對待我們的方式，機率會比較高。

迂迴切入孩子幽暗的心門

當孩子在教室裡挑釁老師、干擾教學，在進行一對一輔導時，我並不建議輔導者馬上把話題帶到孩子與老師之間的關係，因為這麼做，往往只會讓孩子立起防衛的鐵閘門——免談。

我們可以試著**先將話題繞至孩子與父母之間的相處。**對立反抗孩子在親子關係上，往往不是那麼契合，我們繞個彎，試著去碰觸孩子心裡脆弱的那一塊。過程中，目的並不是要讓孩子難堪，或刻意窺視、挖掘那無人知曉的傷疤，而是換個角度，關注眼前的孩子。

或許你發現孩子並不想要被碰觸到這塊，但我們依然可以傳達出自己的關心。我深信，當一個孩子從與父母的互動上，獲得了應有的情感關注、愛，以及良善的溝通和陪伴，說真的，孩子根本不需要對老師採取對立反抗的態度。

第三章

【迎刃而解】對立反抗問題的「見招拆招」

化解孩子的「對立反抗」

孩子故意惹大人生氣，怎麼辦？

──「不用懷疑，我就是要激怒你。」

「這位同學，請你坐下來，坐回你的椅子上。」

耀宇明明聽到了老師的要求，仍然若無其事似的繼續坐在桌子上，背對著科任老師，和大頭仔聊天。

老師又說：「這位同學，你有沒有聽到我在跟你說話？」

「是哪位同學啊？聽話一點嘛，趕快坐下來喲，不要再讓老師生氣了喔。」耀宇學起了老師的口吻，維妙維肖，班上的同學們笑了起來。

「幹！你別鬧了啦！趕快坐下來啦！」大頭仔用手拉了拉耀宇的袖子，作勢要他坐下。

「你拉個什麼勁啦！幹，手給我放開啦！」

兩個人邊拉邊嬉鬧了起來。

講臺上的老師出聲制止，「你們兩個到底在幹麼？這位同學，你再不坐下來，後果就自行負責。」

「現在是怎樣啦！要告狀了，是不是？」耀宇轉過身，雙眼瞪視著老師，口中邊嚼著口香糖，邊問：「你知道我是誰嗎？」說著，從桌子上跳了下來，語氣咄咄逼人，「你知道我的名字嗎？你知道嗎？你知道嗎？要我跟你說我的名字嗎？」

「這位同學，你不要太過分。你現在是在跟誰說話，你覺得你現在這種態度對嗎？是誰教你的？」

「現在又怎樣啦，管到我父母來了？重點是，你知道我是誰嗎？一定要先知道我叫什麼名字，你才有辦法查到我爸媽是誰，連我的名字都搞不清楚，你還當老師個屁呀！如果我在考卷上亂寫名字，你會知道嗎？連做老師最基本的道理都不懂，還講了一大堆五四三。」耀宇不屑地數落著。

面對學生連珠炮似的回應，科任老師一時語塞，羞愧得滿臉通紅。

「這孩子到底叫什麼名字？」

他還真的很難在腦海中搜尋出來。

對立反抗的輔導與教養祕訣

孩子是想站在教室的「制高點」

在教室裡，有些孩子在老師還沒有開口要求或下指令時，就先發制人地刻意講話尖酸刻薄、帶針帶刺，不斷地挑弄著老師的情緒水位。其實，孩子是在進行一種試探，以讓自己處在一個制高點，好整以暇地對教室情境進行掌控。

孩子擅長拋出問題，給老師出狀況題，以看好戲的心情，測試老師對於班級經營的能力。過程中，老師如果沒有明顯的作為來加以約束、管制，漸漸地，當孩子發現自己的這些做法足以讓老師陷入困境，便會變本加厲。

為什麼要「故意」惹老師生氣？

為什麼這個學生總是故意惹你生氣？惹你生氣，對他到底有什麼好處？

孩子故意做出某些事，透過這些表現，來掌控我們的情緒與行為反應，因為他想要掌控、支配我們的行為。

有時，孩子是藉由這樣的故意，獲得關注，感覺自己是個有能力的人、是個值得被肯定的人。不只是受到大人的肯定，有時也來自於周遭同學們對自己的另眼看待。

既然孩子想要尋求關注，那麼，我們不妨平時就主動關注孩子，主動和孩子說話、寒暄及互動。採取主動關注，來化解孩子的故意激怒行為。

揭開「故意」的蓋子

當我們刻意揭開孩子的「故意」心態，幫助孩子瞭解他在這些故意行為背後，真正的目的，將有助於削弱孩子故意行為的力道。

這麼做，也是傳達給孩子一個訊息：我們知道你這麼做是為了什麼。

「我在想，你這麼做，是不是想要我在大家面前生氣，讓你覺得就如同你所預料的，自己可以影響我、支配我。但是，很抱歉，我不會隨著你的舉動而起舞。如果你有什麼話，請你試著好好地說。」

不過，請記得，這些話最好選擇私底下講。

大人避免陷入被激怒的「陷阱」

在討論對立反抗孩子的問題時，常常聽到有老師如此反映，「他真的是太過分了，他的態度真的讓人很生氣。我也是有情緒的人，雖然我很想控制自己，但是，誰受得了。更何況如果不壓壓他的氣勢、不教教他，這個孩子以後還得了。」

這一段話反映了：我們的情緒很容易受到孩子的行為所翻攪。這一點正符合對立反抗孩子想要挑釁大人、激怒大人的企圖。

我們的情緒反應，吻合了孩子的期待，因此也更強化了他的行為模式。也就是說，當我們被他激怒了，當我們愈來愈氣，反而更加強化他的對立反抗行為。

我想要激怒你，所以如果你被我激怒了，這一局，你就輸了——遊戲規則就是這麼簡單。顯然，我們不知不覺地踏入了對立反抗孩子設的陷阱裡。

不為所動，不受到孩子刺激而產生情緒、行為的改變，才是我們站穩自己立場的一種方式。

當然，大人必須要「修練」，讓自己的情緒反應，不會因為孩子的故意行為而被激怒。

留意衝突的臨界點

「我真的快被他氣死了，怎麼辦?!」

當衝突來到臨界點，在這個當下，我們的憤怒油然而生，甚至已經快衝到頂點，我們可能脫口說出充滿刺激性的話，彼此的關係即將引爆。

面對孩子言語上的激怒，重點並不在於要求大人練習忍耐，或是將這種情緒壓抑在心裡面，而不能有任何負面情緒，這不自然，也沒有必要。關鍵是在於，我們如何去展現我們的情緒，不致受到影響。

很殘酷，也很現實，遇上對立反抗孩子，大人的抗壓性等於被活生生、血淋淋地搬上檯面，遭受孩子的檢驗。若我們明顯地受到影響，孩子自會發現他的行為可以支配、取代我們。

孩子虛張聲勢，往往是在隱藏脆弱

面對對立反抗孩子，有時，我們會發現他內心的那一塊「傷」，但孩子總是不願意去承認。因為一旦承認了，他就得面對自己的脆弱。

面對故意激怒大人的學生，我總是猜測，這孩子心裡應該有很多的傷，這種傷，意謂著孩子缺乏自尊心與自信心，在成長過程中，他很少被肯定過。

我們不妨來換位思考，設想孩子的心情：「趁著老師做出反應前，我乾脆先用

化解孩子的「對立反抗」

一種上對下的方式，去威嚇別人，先讓別人對我產生害怕、畏懼，或許這樣，我就比較不會感受到自己有多麼無能為力，也不用擔心自己的弱點會被看穿。」

脆弱交叉點

其實，無論大人或孩子，終究有自己脆弱的那一點。脆弱，是身為人非常自然的狀態。

當孩子發現我們願意和他一起走進他的內心世界，同時瞭解，大人也有屬於自己脆弱的那一塊，這沒有絕對的對或錯，漸漸地，他發現自己所有的一切被接受、被接納了，我相信，孩子也會釋放他的友善。

瞬間按下「暫停鍵」

眼看我們與孩子之間的衝突一觸即發，如何在最後那一秒按下「暫停鍵」，這牽涉到我們對於情緒的自我控制能力。

你可以覺察到，自己的情緒開始漸漸上升，就像溪水的水位逐漸上升，已經探測到警戒點。憤怒的情緒即將滿水位，逐漸淹沒自己的理性，即將滅頂了，山洪快爆發了……整個憤怒的情緒快要滿出，淹沒兩個人的關係。

你腦海裡面有個聲音，提醒你趕快離開現場。可是身為老師的你，是否能直接離開這個現場？你直覺反應是不行。你正在上課，如何離開教室？還有課程要上……那你該怎麼辦？

這時，請你轉移注意力，讓自己的情緒能夠安定下來，先將自己的視線移開，減少面對眼前的刺激可能點燃的負面情緒。

若你還是怒氣難消，無法抑制自己的負面情緒與混亂的思緒，那麼，請你再次轉移注意力，先找其他的事情做，降低你的憤怒水位。

「心平氣和」是必要的

想想看，今天我們所做的任何處理，無非是希望孩子能夠心平氣和地與我們對話，那我們何不先示範所謂的「心平氣和」？

在我們與孩子之間，有一方可以先達到心平氣和的狀態，那麼至少不會是雙方全輸。我相信，當大人能夠維持心平氣和，孩子就有機會逐漸往我們這個方向來，也回以心平氣和的口吻與態度。

化解孩子的「對立反抗」

遇到學生在教室裡直接挑釁我們，讓我們燃起羞愧感，不斷地耗損我們的內在情緒，當事過境遷，比較心平氣和時，不妨思考：

- 讓我們怒氣難消或感到羞愧的，是因為什麼事？
- 我們在乎的究竟是什麼？是其他人的看法？還是當事人的態度？
- 仔細地思索，孩子的這些話語，我們是如何解讀的，以致我們出現如此強烈的情緒反應？

你發現了嗎？大人需要做許多功課，這些功課主要在於能讓我們有堅強的心理資源與強度，來面對眼前帶有威脅的孩子。

「你那是什麼態度！」
——是誰先不尊重誰？

「教官，你能不能告訴我們你這麼做的理由？」

聽到這句話，剛演講完正準備離開的我在心裡鼓起掌。對著臺上的教官，其實我也很想說：「你能不能告訴我你這麼做的理由？」只是，我沒這個高中生那麼勇敢。

依照我的演講經驗，這一大群坐在體育館地板上聆聽講座的高中生，已經是非常配合地參與了。

如同許多大型的學生演講場合，無論是活動集合前或活動結束離場前，總會有教官、學務主任或生教組長等老師站在講臺上，大聲地叱喝，維持秩序。

這一場演講也不例外。

演講結束，教官一站到臺上，立即對著臺下的學生們大聲喊著：「起立！動什麼動？樹懶啊！給我站好，坐下，還在講話！」

同學們就這樣依教官的指令：起立，坐下，起立，坐下……當中參雜了教官劈里啪啦的數落與責罵。

一旁的我很納悶為什麼教官如此要求。我可以理解教官在這當下展示了自己的權威，以好好管理底下的眾學生。但這樣一來，原本happy ending的氣氛被弄得有些殺風景，正準備離去的我也超尷尬的。

在這起立、坐下、起立、坐下……來來回回，令人一頭霧水的情況下，當教官再一次說「坐下」時，遠遠地只見一個男同學直挺挺地站著，在四周一片坐著的學生群中，顯得相當突兀。卻也令人好奇，這個學生到底要幹麼？

這位男同學很冷靜地對著教官問了一句話，「教官，你能不能告訴我們你這麼做的理由？」

天啊！他真是太帥了！我不禁在心裡拍起手來。

對立反抗的輔導與教養祕訣

伺候？門都沒有！

當我們不尊重孩子，可以確定的是，也不要期待孩子會尊重我們。

在對老師的演講中，我會提到，去學校服務時，輔導室會幫心理師用馬克杯準備水——這時，緊接著就問現場聽演講的老師們，「那我們會不會幫對立反抗孩子準備水？」

其實這問題根本不需要問，可以想像大部分的老師會搖頭，說：「拜託，我還幫他準備水？這個學生目無尊長、侮辱老師，我還幫他準備水？還得伺候他？我不吐他口水就已經很好了。」

我知道這是老師的氣話，但是多少也可以理解老師的不以為然，「為什麼孩子對待老師極盡羞辱，我們卻還得以這種方式來對待他？」

不過，多少還是會有老師願意準備，我繼續問：「通常學校會幫心理師用馬克杯裝開水，那你會用什麼杯子幫孩子裝開水？是紙杯？還是馬克杯？」

化解孩子的「對立反抗」

關於這一點，我強烈建議老師們請一視同仁，用馬克杯。不用擔心孩子會對你丟馬克杯；但是如果給孩子紙杯，反而要擔心他對你丟紙杯。

對立反抗孩子非常敏感，他們總是從這些細微的做法，來觀察大人對待他的友善、尊重的程度。

孩子不需要被尊敬，但需要「被尊重」。

脫口而出之前，秒停頓

我自己有一個習慣，當一個想法即將說出口時，會先停頓下來，仔細地覺察：我確定要這麼說嗎？這個覺察可能只是短短的數秒鐘，甚至於一秒鐘都不到。

這個習慣有助於我謹慎地將自己要講的話，很快地在腦海中閃過。當然，這是需要在日常生活中，反覆練習的一種自我覺察。

包裹在尊重裡的「順從」

請想一想：自己是期待孩子「尊重」？還是期待孩子必須「順從」？

尊重與順從，是兩件不同的事。

當我們期待孩子必須順從，就會非常在意他的反應是否順著我們的要求。當孩子沒有順著我們的想法，或者沒有表現得符合期待，就很容易引起我們心裡的不悅。

一視同仁地尊重

「尊重」這件事情，是不分長幼、不分大小，也不分位階的。老師需要被尊重，父母需要被尊重，孩子何嘗不也需要被尊重。當我們互相尊重，我相信一定會減少彼此對立的情況。

到底該如何達到尊重？或許，可以思考：**我們期待對方怎麼做，是尊重我們嗎？相同的道理，回到我們和孩子之間，就可以很清楚要怎麼樣對待孩子。**

比如在家裡，要找在房間裡的孩子時，你會一邊敲著他的房門，一邊叫他的名字呢？還是先輕敲幾下，稍微等待，看孩子是否有反應，再決定要不要叫他的名字？最忌諱的做法是沒有經過孩子的同意，就貿然地直接把門打開，這不只打斷了孩子正在做的事情，以孩子的立場來講，是對他超級不尊重。

當然，你不尊重我，我也懶得尊重你。

設立必要的界限

「我在跟你講話，你那是什麼態度？」

孩子的反應，常讓大人感到不以為然，甚至整個情緒被孩子的某些表現激了起來。

「你那是什麼態度？」

仔細想想，孩子的哪些行為是我們覺得不以為然，無法接受的，例如叫囂，眼睛瞪著我們，在我們面前砸東西、怒罵三字經，二話不說，掉頭就走，或是吐口水、握拳頭、比中指。

我們必須給孩子一個「界限」，無論他心裡多麼生氣，無論他心中有多少不滿，這樣的界限都必須存在，而不是自己生氣了，就什麼事情都可以做。因為生氣和行為是兩回事。

「你那是什麼態度？」

在如此責問孩子之前，請先問問自己：那我們期待孩子表現出哪些態度？

請孩子列出「被尊重」清單

「尊重」兩個字用說的很容易，但是要怎麼做，才能讓孩子充分感受到被尊重呢？

在教室裡，可以這麼做：請孩子寫下在過去的經驗裡，他曾經遇過別人什麼樣的舉動或反應，讓他自覺被尊重。

尊重不同的意見，彼此將傳遞良善的對待。

尊重，絕非討好

「難道做為一個老師，一定要對學生低聲下氣，一定要討好他們，不能有所要求，讓學生對我們的態度變好？你覺得這樣子，老師還有尊嚴可言嗎？」

一些老師提出了這個疑問。關於這個問題，老師們必須瞭解，有些事情並不是那麼極端與絕對。

讓孩子感受到被尊重，並不等於刻意討好孩子，這是完全不一樣的事情。

調整態度，並不等於討好。調整態度，也不等於什麼事都不去要求。

對於對立反抗的學生，該有的要求、合理的要求，都依然需要，只是**要思考以什麼方式要求**，孩子才會配合。

向「外」參考範本

向外參考，向外學習，也是方法之一。試著去瞭解，哪些老師和這個學生之間有良好的互動。

互動的方法，隨著每一個人在班級經營、教學現場，以及師生之間的特質、孩子的反應，會有所不同。

透過這樣的觀察和判斷，可以瞭解其他老師怎麼說與怎麼做，包括說話的語氣、音量、時間點、用字遣詞，及說話的表情、肢體動作、語調、所講的內容等。

道歉的力量

若是自己對孩子說話的語氣、內容、字眼不友善，我們是否有勇氣向孩子道歉？犯錯了，承認就好了。我們大人也會犯錯，不要害怕，不要擔心，不要認為對孩子道歉，自己的形象、地位就會受到折損或動搖。

其實正好相反，**看到我們願意面對與坦承自己的錯誤，也是讓孩子瞭解大人和小孩都會犯錯。不怕犯錯，關鍵在於我們是否有足夠的勇氣去面對（我們也正在示範這種勇氣）。**

想想看：造成我們不敢、不願意向孩子道歉的想法是什麼？這樣的想法到底合不合理？我們在意的面子、尊嚴，又反映了什麼？是否可以很具體地，把所謂的面子、尊嚴清楚地羅列出來？

對自己有多一層的瞭解，也有助於我們去看見，和孩子之間互動的細微之處。

化解孩子的
「對立反抗」

孩子容易挑釁大人，怎麼辦？

——避免隨之起舞

「拜託，你那是什麼裝扮？劉海弄好一點嘛！沒有美肌、美膚、濾鏡、修圖，難道就不能出門了嗎？我想可能是喔！」

又聽見小斐在底下酸著自己的穿著打扮，教美術的范老師壓抑著尷尬，心想，要怎樣才能讓班上這幾個愛挑釁的孩子收斂起惡意。可是，酸言酸語愈來愈誇張。

小斐繼續說：「嗚嗚嗚，怎麼辦？范老師是代課老師耶，在學校，我們都待得比她還久耶！」

「沒錯沒錯，老師下學期是不是還在，也沒有人知道。范老師，你可要記得回來看我們喔！」芊芊呼應著小斐。

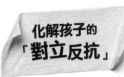

臺上的老師臉色頓時漲紅起來。

班長制止她們，「你們講話不要那麼過分！」

「哎喲！班長說話了，難怪被選為模範生。我看，成績好說不定有內線交易！」

班長瞪大了眼睛，「你們在說什麼？你們講話很傷人耶！」

「原來你們倆一樣玻璃心呀，才幾句話，就覺得我們在傷人。幽默一點嘛！」

班長雙手緊握，氣呼呼地瞪著小斐這一夥人。

老師試著安慰班長，「你不用說了，老師會處理。」

老實說，「老師會處理」這幾個字，老師講得很心虛……要處理，談何容易？

如果可以處理，早就在幾個月前就處理了，也不會任由這群孩子這樣挑釁自己。

對立反抗的輔導與教養祕訣

表達感受，不需激動

「這孩子真的是太過分了，任誰都會受不了。我若不表達我的強烈情緒，孩子真的會不知分寸。」

的確，你發現孩子只要一開口都不會有好話，不是批評你的長相，就是批評你的穿著，不然就是針對你的上課內容有意見……每句話都帶著諷刺的語調、負面的字眼，無論是誰聽到這些話，心裡面肯定都不舒服。

明確表達我們的立場、表達我們的感受，這個出發點一點也沒錯。要考慮的是：我們是否需要用強烈的情緒來反彈？

孩子就是刻意要刺激我們出現這樣的情緒。如果我們也反映了這樣的情緒，正好落入孩子的陷阱，也強化了這種行為模式。

參考範本，練習「堅定」

我們需要參考一些範本，可以從一些電影來參考，片中的角色是如何表達他的生氣情緒，他是如何冷靜地看著對方，如何以很平淡的方式來表達自己的堅定立場。

跳開歇斯底里的方式，不要忘了：我們怎麼做，孩子就怎麼學。

華麗的挑釁秀

孩子的挑釁行為，有時就像上演著一場華麗的「秀」，透過挑戰實質權力很大的老師，孩子想要被看見，並且展現自己能控制整個教室場域及眼前發生的事。

特別是，現場要是有其他同儕正在關注著，就更加強化了這些孩子想要被看見的欲望與動力。

對孩子來講，這是一場看似穩贏不賠的秀。無論他怎麼表達，在這個教室生態裡，最終，獲得勝利的一定是他。

老師對他的要求，只會隨著他的挑釁而愈來愈降低。同時，就算其他同學原本對他有什麼議論，在他不斷地展現影響力下，同學們也會開始噤若寒蟬，不敢對他有任何意見。

於是，這場秀的舞臺漸漸升高了，對立反抗孩子宛如巨星降臨，所有人的目光都聚焦在這個孩子身上。

留意孩子心中「想像的觀眾」

在與對立反抗孩子過招時，很忌諱在班上同學們面前，直接要求他妥協、要求他改變，在這種情境下，反而會更強化孩子想要挑戰你的心態。

因為在人多的情形下，很多兒童、青少年會有所謂「想像的觀眾」。這種想像觀眾的存在，更容易使當事人表現出你不希望他有的負面行為。

他可能會這麼想：「當我對老師叫囂、嗆老師時，周圍的人開始關注到我了，甚至有同學在討論我、追蹤我的臉書……」

於是，你會發現孩子在課堂上的對立反抗更激化。他期待這樣的行為表現反映至網路上，讓他的網路聲量突然暴增，並且吸引許多關注、追蹤，使他成為被大家討論的對象——這讓孩子有一種「被看見」的存在感，進而感到受重視。

只要有效果，只要能發揮作用，只要自己可以成為眾人討論的對象，這些行為就會繼續展演下去。

兩難的抉擇

如果現場有其他的學生，你可能會有顧慮，「其他學生在等著看我如何面對這位挑釁的同學。」

自己如果沒有任何處置，對其他學生來說，似乎會是一件無法想像的事情（「同學們會不會回家向爸媽告狀，說老師竟然不處理？」）。

在這種情況下，老師會陷入一種兩難的狀態。一方面，如果對學生的挑釁立即有反應，孩子就很容易勝出，我們很容易慘敗；可是另一方面，如果什麼都不說，不做點什麼，可能會讓其他學生誤解，質疑：這個老師為什麼沒有作為？

選擇良辰吉時

要處理對立反抗孩子的狀況，「時間點」的選擇非常重要。

請你再次提醒自己：**不要在許多孩子群聚的時間處理**。因為在這種情況下，只會更加強化對立反抗孩子想要被看見的心態。而且其實他也想知道，面對這種狀況，老師會用什麼方式應對。

因此，既不致受當事人影響，也可避免其他人對自己產生誤解的最好方式，就是我們可以很清楚地向其他學生反映，「老師會在○○時間再來處理。」說完，繼續上你的課。

化解孩子的
「對立反抗」

迴避公開賽，選擇「個人賽」

在許多場合，我不時提醒著第一線的老師：避免在教室，特別是在課堂上，直接硬碰硬地處理孩子的狀況。

這並非完全不管這個學生，而是我們在處理上，不採取直接地面對面，因為在這種狀況下，形同在進行一場勝負之戰，只有一個人能贏。

面對對立反抗的孩子，我們大人要思考：採取公開賽比較好？還是個人賽比較好？

一、老師不適合用「公開賽」

對於教室裡的老師，如果是用公開賽的方式，那在還沒有和孩子對戰之前，勝負已定——孩子的勝算相對比老師大許多。

畢竟老師在全班同學的關注，以及自己教學進度的壓力下，沒有辦法從容地面對孩子。

因此，建議你改採「個人賽」的方式，與孩子個別地「一對一」進行。

二、老師請用一對一的「個人賽」

遇上了對立反抗孩子，要先把一些多餘的干擾源移除掉，例如班上同學們聚集，等待看老師如何處理。這些干擾源會明顯影響到老師的情緒。因此，處理對立反抗的議題時，換成私底下一對一的方式，會比較容易進行。至於採取一對一的方式，是由誰來進行對話，比如被孩子嗆的老師，還是輔導老師或心理師，這部分可視實際的狀況決定。

與對立反抗孩子進行公開賽，老師的勝算不大。改採一對一的個人賽，戰況還可能維持五五波。

直球對決的風險

遇上孩子挑釁你，怎麼辦？

這時，千萬不要直接脫口說出：「那就嗆回去啊！」

如果師生關係是這樣的直球對決，很容易激使孩子一次又一次地引爆教室裡的大規模衝突。

化解孩子的「對立反抗」

孩子出現挑釁的行為，令你難以招架、無法忍受——其實，這也正挑戰著大人的情緒處理、自尊、智慧，以及遇到問題時的解決能力。當中，也包括我們是否可以臨危不亂，依然氣定神閒地面對眼前的狀況題。

道理說得容易，難就難在該如何讓自己維持心平氣和，這除了是一種修為之外，也關係到我們如何順利調整好自己的情緒，而不受制於孩子的對立反抗。

維持堅定立場，立於不敗之地

面對孩子的挑釁，請你維持堅定的立場，盡可能讓自己不開口說話，試著看著孩子；如果真的有些話想說，請試著先覺察所要說的字眼、說話的語氣，將語調往下壓，減少使用批判的口吻。

同時，請你思考說出這些話的目的，以及期待的效果。「為什麼我認為這麼說，孩子就能改變？我又期待孩子有什麼樣的改變？我期望孩子做出什麼樣的舉動？」

不和孩子共舞

面對挑釁，最忌諱與孩子之間一來一往，不斷地鬥嘴，不斷地爭辯。

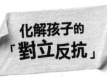

孩子表現出對立反抗，往往正是要喚起與大人之間的爭辯，甚至是想讓大人慢慢地搞不清楚為什麼自己原本那麼堅持、在意這件事。

拒絕再玩，不隨孩子起舞——你雖然叫囂，但是很抱歉，我依然維持我的步調。

基本上，只要我們不碰觸孩子，孩子不至於會動手。除非我們給了進一步的刺激，否則孩子的目的仍然在激怒我們，期待我們照著他預期的方向，做出他預料中的某些行為。

孩子以言語辱罵大人，怎麼辦？

——他只是個孩子

「我操你媽的B！幹你娘！把我找來這裡幹麼？誰有病啊！你才有病！幹！誰鳥你啊？誰甩你呀？」

走廊上，遠遠地傳來國中生的辱罵聲。從聲音聽起來，可以感受到這個孩子心裡面的不爽、不滿。我在晤談室裡，拉起耳朵仔細地聆聽，好判斷待會兒進來的孩子可能有的情緒及行為表現。

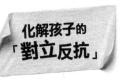

這個學生辱罵著三字經、粗話，沒有停止。隨著聲音愈來愈洪亮，可以預期再過個幾十秒，孩子即將踏入晤談室。

由於我和國中生還沒見過面，我心裡面在想：「剛才他滿口粗話，辱罵的對象應該不會是我，畢竟他連我長什麼模樣都還沒瞧見。」

輔導組長在轉介單上寫得很清楚，這個孩子在教室裡嗆老師、不甩老師的指令，想幹麼就幹麼，一切自己決定、自己做主，老師怎樣都管不動他。

國中生走了進來，映入眼簾的是小小的個子、瘦瘦的身軀，一時與他剛才辱罵的洪亮聲有些連結不上。

這孩子對我連正眼瞧也不瞧，不爽和不滿盡寫在臉上。我可以確定，他剛才在辱罵的人正是安排我倆見面的輔導組長。

我心想：「孩子對於與心理師見面，顯然沒有意願，這一點我可以理解，也可以預期。」

會想要與輔導老師、心理師晤談的對立反抗孩子，還真的少之又少。最常見的情況，不外乎是因為可以請公假離開教室，才勉為其難地來見面。

國中生頭低低的，依然不瞧我一眼。我感受得到，他對眼前這個心理師挺不喜歡的。

晤談室裡，氣氛凝結，令人感到有些窒息。我開口對他說：

「你不喜歡我，我也不一定能夠接受你。既然我們的關係還沒有辦法建立，沒關係，我不急，我們慢慢來。今天我們依然到三點，時間一到，你可以離開，我也會離開。如果到了九月份，我們的關係還沒建立，沒關係，十月份我還是會過來。假如十月份還是不行，那沒關係，十一月、十二月，我們還是會再見面。」

聽到這裡，你可能瞪大了眼睛，心裡在想：「你這個心理師到底在講什麼？有沒有搞錯？你不怕自己這麼一說，把兩個人的關係搞壞，那又該如何進行後續輔導？」

當然，我會選擇這麼說、這麼做，一定有我的考量。

當時我的判斷是，這孩子脫口辱罵三字經、粗話，除了顯示他的不滿情緒之外，也在進行一種試探。

「最好能讓眼前這個陌生的心理師知難而退。告訴你，我很不好惹的，不要浪費你的時間在這件事情上。聰明的話，鼻子摸一摸，我們現在就可以結束。」

當然，國中生並沒有說出這些話，這是我當時的一種揣測。

什麼是「應該」，由誰來決定？

面對對立反抗孩子時，我們大人在處理上，往往容易陷入兩種極端：一種是委曲求全，極盡討好；另外一種就是想要以高壓的方式壓制眼前的孩子。

然而，每一個孩子所呈現的問題與成因都不大一樣。如何運用不同的排列組合，去因應每個孩子的狀況，反映了大人對這個孩子的掌握以及瞭解。

大人說出的話、選擇怎麼做，其實也是在傳遞一個訊息：「讓這孩子瞭解，有些事情不是自己想要怎麼樣，就可以怎麼樣。」

不過，我們也需要注意到：自己的要求是否合理？眼前這件事情，孩子是否應該做、必須做？

而談到「應該」、「必須」，我們必須非常謹慎地思考：**到底是「誰」在捍衛所謂的尊嚴？**

是孩子？

還是大人？

化解孩子的「對立反抗」

細膩地給孩子回應

想到本篇故事例子裡的那個國中生，我忍不住思考：先前和他談論接受心理師晤談的事情時，如果自己在處理上能夠更細膩地留意，是否有可能讓孩子說說他接受晤談的一些想法和意願。

並不是他不想來，那麼我們就算了，而是可以試著說服他，以合理的方式讓他接受。否則，被強迫見心理師，看似孩子接受了晤談，其實關係的建立毫無進展，只是白白耗費時間。

這個國中生是否會按照約定，在下一次準時前來，接受晤談呢？我相信他會來，我有這樣的把握（我當時的評估是，他罵歸罵，該上的課還是會上）。但我也明白，在這個過程中，我得非常謹慎，不要讓孩子有一種和我見面，好像會讓他自尊心受損的感受。

他只是個孩子

面臨著孩子口無遮攔的言語挑釁時，我常在腦海中這麼告訴自己，「他只是個孩子。」以做為一種自我告知，「對於他講的話，不需要太在意。」

「他只是個孩子」——試著在自己的心理上，畫出一道很明顯的界限。告訴自己，這些語句、字眼，都只是這孩子想要影響我們的一種手段，你會比較容易釋懷。

有些孩子也許不見得真正瞭解這些字眼的意思（的確，有的孩子是有樣學樣、裝模作樣、虛張聲勢），但他明確知道大人們普遍都不喜歡，也無法接受他這樣的反應。

他只是個孩子，所以他需要被引導，學習如何適當地與他人互動。

不要忘了，在我們眼前的是「未成年孩子」。雖然他們說出來的話非常刺耳、傷人，令人心情不悅，但我還是想強調一件事情：眼前的孩子尚未成熟。

他只是個孩子。我們大人是否要和孩子計較？

為自己設下一道「心理界限」

・學學孩子的「耳邊風」技巧

或許，我們可以學學孩子的「耳邊風」技巧（不讓這些話干擾自己的思緒）。

當我們將孩子的負面言語暫時擱置在耳外，也正是在為自己畫出一道「心理界限」，讓自己的情緒維持在一種安全的狀態，不受這些非理性的謾罵、羞辱的言語撩撥，而產生負面情緒。

孩子特別衝著你，挑了一些字眼和語句，就讓我們試著先忽略掉這些字眼、語句，先讓自己不為所動。這其實也是在告訴孩子：爸媽與老師的心理強度、抗壓性，並不是那麼容易就被撼動的。

‧如何隔絕孩子的「辱罵式言語」？

我們可以在自己的認知上，清楚地自我告知：「我不受你這些話語的影響」。

當孩子說了刺激性的話時，請你在心裡反覆地聯想或關注在一些特定字眼上，當然不要喚起負面情緒，只要能夠讓你更專注於這些字眼即可。

真的，如果我們想要調整、改變孩子對立反抗的態度，就必須優先調整自己，好好思考自己是如何看待孩子的一言一行。

請記得，孩子並不會因為我們的提醒、叮嚀，我們的不斷糾正，而消減他的這些挑釁語言。

翻轉孩子預期的發展

大部分的孩子很清楚自己說了哪些話，會讓大人的情緒受到影響。因此，假如我們「翻轉」一下孩子的「預期」，將有機會改變孩子接下來的行為。

沒錯，孩子說出的那些話是如此傷人、氣人，無論是誰聽在耳裡，一定都會被激起許多無法忍受的情緒。但關鍵就在這裡：一旦我們有了情緒，孩子的對立反抗只會更加的惡劣、更加被強化。

若孩子總是想要以激怒、挑釁的方式，來挑動大人的情緒，我們要停下來思考：為什麼我們的情緒那麼容易被孩子撩撥起來？

想清楚這一點，便可以在心裡畫出一道防線，使自己的情緒不隨著孩子的刺激而波動。這也是在展現給孩子瞭解，我們並不會因為他的這些言語、動作挑釁，而受到絲毫影響。

知彼，也要知己

我常說，**孩子瞭解我們，勝過於我們瞭解孩子。**

化解孩子的「對立反抗」

因此，他很懂得在什麼場合、什麼時間及用什麼方式，能把你的情緒激起強烈的波動。

而大人之所以變激動，是因為我們在認知上，把孩子的話語解讀成是針對我們，讓自己與這些話語產生連結、接上關係，覺得自己被數落、被瞧不起，同時發揮了無盡的想像，腦海浮現這些話語所帶來的不舒服畫面，而形成了強烈的負面感受，造成情緒明顯地波動。

避免互相推諉

「這不就是一種言語霸凌、精神傷害嗎？難道老師就必須接受學生對自己的羞辱嗎？」

孩子強烈的言語挑釁，會讓老師感到異常憤怒，直覺自己的尊嚴受到汙辱。

當師生關係持續惡化，這道難題該如何來解？

要解決這個問題，當然需要雙方都存有「想要改變」的意願，如此一來，化解衝突的機會就增加許多。

要擔心的是，彼此都把問題推到了對方身上，這樣要有所改變，真的很困難。

孩子愛爭辯，怎麼辦？

——別陷入孩子的詭計中

「你真的很愛狡辯。」數學老師放下粉筆，瞪著大鵬。

大鵬吊兒郎當地回他，「是你說不過我。不然，你說說看嘛，成績是學生的，學生當然有權利決定自己的成績。你當老師的管那麼多幹麼？你只要顧著打你的成績就可以，我愛考幾分就考幾分，你哪管得著？」

老師感到一陣腦充血，「這是你說的喔，打成績是老師的權利，那我要給你多少分，我自己可以決定，到時你的成績不及格，你自己就得認命。」

「那是我家的事。你有完沒完，囉哩囉嗦的。」大鵬不耐煩地說。

數學老師氣得一時不知道如何回應，心想：「反正一個學生成績不及格，真的是他家的事，我管那麼多幹麼？既然他都不在乎、不在意，那我就卯起來給他不及格。」

「好，你說成績怎麼樣，那是你自己的事情。但我必須告訴你，這堂課是我的課，所以請你放尊重。」老師吞了吞口水，說得有氣無力。

「你上你的課，我上我的課。你要怎麼上課，我不管你，但是請你也別干涉我要怎麼上課。」

聽大鵬這麼說，老師兩眼瞪得比剛才還大，「你到底在講什麼？干擾我上課，你這個學生到底是怎麼搞的？給我安分一點。如果太過分，我就直接帶你去學務處。」

「誰甩你呀？不用你帶，我自己過去。」大鵬立即起身，一副吊兒郎當地作勢走出教室。

其他同學都在看著這齣好戲，只不過，這齣戲實在演太多集了，同學們鼓譟著：「老師，你到底要不要上課？不然，我們自習算了。」

「下課啦！老師，下課啦！」

老師霎時滿臉通紅。臉紅，不只是因為感到憤怒、羞愧、無地自容，也是激起了高血壓的老毛病。

對立反抗的輔導與教養祕訣

挑戰大人的底線

愛爭辯的孩子，總是不把大人的話當作一回事。他以自認為的方式來挑戰我們大人的底線。

而挑戰這道底線，多少也證明了，他可以處於和大人差不多的高度（當然，他更想要的是超越你），同時能掌控當下，他想要做什麼就做什麼。

這種自以為是的狀態，也讓對立反抗的孩子明顯地缺乏同理心，無法尊重與瞭解他人的心理感受。

在爭辯過程中，你會發現他對於自己的行為推諉塞責，把問題全歸咎到別人身上，藉此來免除自己該負的責任，逃避自己不想做的事情，或得到自己想要的事物。

面對教室裡有愛爭辯的孩子，第一線老師到底該如何接招？

如果不乘機和孩子辯解，似乎有損於身為老師應盡的義務；但是，假如和孩子辯解起來，又會讓自己的課堂秩序顯得更加混亂。

孩子在爭辯時，總是企圖讓大人詞窮，希望在爭辯的過程中，大人的情緒也跟著上來，最好被他的話題帶著走。因而常常演變成，大人跟孩子你一言、我一語地來回爭辯，爭辯到後來，常常連大人都不知道原來所堅持的重點是什麼了。

化解孩子的「對立反抗」

故作優雅，暫不回應

有時，孩子會拋出一些似是而非的質問：「為什麼我要聽你的？」「是誰規定老師說了算？」「哪一條法律？誰制定的？」

先別跟他爭辯，或急著向他說道理、澄清，在這種情況下，效用不大。在爭辯過程中，大人如果不知道該如何回應，或是發現自己的情緒被孩子整個撩撥了起來，**最好的做法，就是暫時先不回應。**

讓自己維持在冷靜的狀態，再思考後續的回應方式，是要用說的，還是用寫的。當下，我們故作優雅、從容，某種程度也反映了自己不受他的影響。我們可以很明白地讓孩子瞭解：沒關係，我會慢慢地再找時間回應你。

轉以「文字」回應

大人用寫的方式回應，孩子的情緒比較不容易被誘發。同時，當孩子面對文字上的回應，如果有一些不滿的情緒，也比較沒有機會在大人面前直接表現出來。

透過文字的溝通，孩子可在心情較平穩時看。當然，他可能連看都不看，這也無所謂。

藉由文字的敘述，也有助於我們大人先沉澱自己的情緒，接著再透過紙條、memo、LINE、Messenger等寫下來，進行溝通。

在書寫的過程中，可以重複地琢磨用字遣詞。寫完時，先擱著，過一段時間再看一次，覺得妥當之後，再把這些文字發送出去。

孩子用說的，但我們改以文字回應，有助於降低孩子爭辯時，期待的立即刺激感或欲望被滿足，減少他為爭辯而爭辯的對立行為。

「冷靜」是必要的

孩子很容易針對大人所說的內容，一句、一句地進行反駁。

這時，我們最好停下來思索自己和孩子之間的對話內容，以及在這個當下，我們所呈現出來的情緒反應。

我們必須很謹慎，仔細留意、覺察自己說的話，以及孩子說的話。因此，在回應時要隨時保持冷靜，一句、一句地，相對謹慎。

愈是謹慎，愈是冷靜，孩子便愈沒有辦法影響我們的情緒與行為反應。

不要忘了這一點：孩子跟你爭辯，就是想要讓你跟著他的話題走，或讓你說不下去。

適時停頓

與孩子說話的過程中，建議你放慢說話的速度。我們的語氣依然很堅定，不過，可以選擇「適時停頓」。

孩子或許會趁著你的「停頓」，繼續連珠炮似的劈里啪啦講許多話，但是，請你不為所動，冷靜地等待最佳的回應機會。

「停頓」與「說不下去」，這兩件事情是不同的。**「停頓」，反映的是我們的冷靜。**

別陷入孩子的詭計中

情況清楚得很，孩子爭辯的目的就是要激起我們的反應。大人的反應愈接近孩子所預期，他就愈容易和大人爭辯起來，因為我們正陷入孩子的詭計中。

在雙方爭辯時，孩子所使用的字眼往往是針對我們所講的每一個字、每一句話。你說東，他就直接給你翻過來扯西。不管你講什麼，孩子都會雞蛋裡挑骨頭，把你的話直接做翻轉，讓你說也不是、不說也不是。

過程中，他大聲，我們也大聲，彼此不斷地一來一往，更激起大人心裡的不滿（情緒愈多，負分愈多）。就在和孩子不斷地來來回回，彼此爭辯之中，其實更強化了這樣的行為模式。

先發制人

必要時，我們可以試著把孩子爭辯的背後目的，一五一十地點明了說，讓孩子實際瞭解，我們早就知道他的用意。這麼做也是告訴孩子，我們不是那麼容易被影響。

有些孩子愛爭辯，大人說出一句話，孩子就劈里啪啦地講一大堆，特別是千錯萬錯都是別人的錯，讓大人招架不住，甚至於來不及反應，啞口無言。

先發制人的用意，主要是避免當我們一句話出口之後，孩子透過爭辯的方式，讓我們一直處於挨打狀態，或者是受制於他講話的方式，導致我們的情緒產生混亂，而不知道該如何回應。

如果預期孩子是愛爭辯的，索性就由我們先發制人，把孩子可能會出現的行為，在他還沒表現出來之前，就清清楚楚地先說出來。例如：

「我知道你會告訴我都是誰誰誰的錯。你都是說別人有錯，認為和自己一點都沒關係，所以你不需要負任何責任。」

「我曉得你講話的語氣會很激動，使用的字眼會非常尖酸刻薄。我也知道你會想要刻意藉由爭辯，逃避你應該負的責任。」

「我知道你要說什麼話，你會如何來解讀這些事，但是我更明白屬於你應該負的責任、該承擔的代價，這一切，你得自己去面對。」

「你可以爭辯，但是我也需要讓你很清楚，由於你自己的所作所為造成的後果，有多少是你需要承擔的責任。」

先把孩子的底線說出來，也反映出一個事實：「孩子，我瞭解你，但是同時你需要承擔責任。」

化解孩子的「對立反抗」

讓孩子從多元的角度看事情

愛爭辯的孩子，往往缺少了接納不同聲音的多元角度。

當孩子面對一件事情，只有一種立場時，他愛爭辯的強度多半趨於強——只要你的立場跟我不一樣，我就要反駁你。

然而，許多事情並不是如此。

因此，有一點很重要：如何在孩子的成長過程中，讓孩子逐漸瞭解，即使是同樣一件事情，也會因為每一個人不同的成長過程、不同的背景、不同的角色、不同的生活經驗等，而有不同的解釋。

這些解釋形成了每個人各自的看法。而**我們要協助孩子學習包容：雖然你跟我的看法不一樣，但請先試著尊重與接納對方有表達的權利。**

孩子常將問題歸咎給別人，怎麼辦？

——「千錯萬錯，都是你的錯。」

「小若，聽說你今天在學校故意大聲叫喊，嚇小蘋？」媽媽看了看老師傳來的訊息，問女兒。

小若一聽，憤憤不平地說：「我只是在小蘋後面，大聲一點叫她，『喂！你怎麼在這裡？』結果她一轉頭就大聲尖叫。是她在嚇我。我哪是嚇她，我只是講話比較大聲，這樣她才比較容易聽見啊。根本是她自己膽子小。」

媽媽又問：「那阿茂的便當盒又是怎麼一回事？」

「我只是走過去，拉一下他的便當盒，只是想要看看他的袋子綁得緊不緊，他就一直告訴老師說：『老師，小若在動我的東西！』」

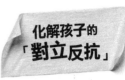

小若愈說愈激動。

「每個人都一樣，都只會一直叫老師、老師、老師，到底有沒完沒完！我討厭他們，我才不喜歡在這個班。他們都針對我，就只是一些小小的事情，為什麼他們都愛告狀？我又沒有怎麼樣……」

＊

「你幹麼又對妹妹動手？她又哪邊惹到你了？」姊妹倆起了爭執，媽媽看到起因是小若突然推了妹妹一下。

小若氣憤地說：「誰叫她那麼吵！」

「她在玩自己的玩具，哪裡吵到你什麼？這樣你也歸咎給她？動手打人就是不對，你還理由那麼多？」媽媽深感不以為然。

「那是妹妹活該欠打，她不要那麼大聲，我就不會推她。」小若回嘴。

媽媽發火了。「你這孩子怎麼老是這樣？都不會反省。不要什麼事情都怪到你妹妹或別人身上，只會找一堆藉口，你這樣不被討厭才怪！難怪老師三天兩頭就寫LINE來跟我抱怨。」

化解孩子的「對立反抗」

「大家都是針對我……」小若委屈地說。

「小若，你不要老是告訴媽媽『他們都在針對我』，能不能換一句臺詞啊！我已經聽久，聽膩了。」

小若大叫：「他們本來就是針對我！」

媽媽發現小若像跳針一樣，無論你拋給她什麼樣的球，她打擊出來的一律都是這一句：「他們都針對我」。

對立反抗的輔導與教養祕訣

「外歸因」與「內歸因」

把問題歸咎於別人（外歸因），自己心裡面沒有負擔，但是，自己的行為卻很難有所改變，因為我們根本沒有看到自己。

把問題歸咎於自己（內歸因），雖然心裡面的壓力大了一些，不過，也增加了自己重新修正行為的可能性。

對立反抗孩子非常缺乏自省能力，他們很難主動思考：假如我不去做這些行為，或者我用另外一種方式來表現，同學告我狀的次數會不會少很多？

孩子總是一副不認錯的樣子，講得義正詞嚴，好像天塌下來都是別人的問題，不然就是老天爺的事，自己都沒有錯。

因此，**我們需要像一面鏡子，讓孩子能夠跳脫只將原因歸咎給無辜他人的模式，適時地讓孩子「攬鏡自照」，坦誠地面對自己有待改善的行為。**

當孩子說：「我沒那個意思！」

孩子有沒有想過呢？「為什麼大家都要針對我？」我們自己的行為，是否給了別人機會說嘴？

問題就在這裡了。

當事人根本不認為需要這麼想，只是將矛頭歸咎於「是他們在找我麻煩，我沒有那個意思，反正都是他們的錯」。

同學愛告狀，當然會讓當事人很不舒服，覺得大家都在找自己的麻煩。但是，如果試著暫停抱怨，先想想看到底是自己的哪個舉動，讓對方覺得不舒服，孩子就可以理解為什麼自己愈來愈被同學討厭。

讓孩子明白，把問題歸咎於他人，千錯萬錯都是別人的錯，這樣的歸咎改變不了別人對自己的壞印象。如果自己的行為沒有調整，一而再、再而三地輕忽，又以不適當的方法表達，造成別人不悅，可以預期又會被別人討厭。

但是，大人請提醒自己：在與孩子進行溝通的過程中，要試著讓自己的語氣保持平和，把多餘的情緒暫時收斂起來。並且也提醒自己：自我覺察我們和孩子所說的話，包括語氣、語調、音量、使用的字眼等，這些在在影響著孩子的回應動機。

找出行為的癥結點

如果只是和孩子談道理，或不斷地說他錯（反而會讓他認為「你又針對我」），縱使講了一次又一次，你會發現，成效非常有限。

有需要時，將孩子的行為模式透過錄影的方式呈現，在必要的地方暫停，讓孩子反覆地進行覺察，就像福爾摩斯在辦案一樣，以找到自己問題行為的癥結點，再加以調整與改變。

藉由反覆觀看錄影畫面，試著讓這些畫面在孩子的腦海裡烙印，以對自己的行為模式清楚地瞭解與掌握，並且在這個過程中，加以修正、調整。

這項練習，需要不斷地一而再、再而三進行演練，一直到孩子能夠自動化地讓腦海裡的畫面浮現上來，而清楚自己的行為模式。進而在覺察自己的行為時，也同時思考，這樣的行為可能會對別人產生什麼影響。

把問題丟回給孩子

有時，孩子很容易把問題歸咎於他人，像是「都是你的問題」、「都是你做錯的」、「都是你的關係，才讓我變成這樣」。若孩子總是把問題歸咎給對方，請切記一件事情，我們不見得要馬上反駁他，馬上告訴他道理。

當孩子總是歸咎於別人時，我們可以反問：**「那你認為呢？」「你覺得呢？」「所以，接下來要怎麼做呢？」**

試著以**比較柔軟，卻又堅定**的方式，把問題再帶回到孩子身上，讓他針對問題提出看法，以及他認為該如何解決。

化解孩子的「對立反抗」

讓孩子只說「自己」這部分，不用去講別人

孩子往往還是會認為他沒有責任，他不需要負責，因為這一切都不是他造成的。

若孩子把問題都歸咎給別人，怎麼辦？

試著引導孩子「說自己就好」，每個人陳述自己的部分。對孩子強調：**「你說你，我說我，不用去牽扯到別人。每個人把自己的行為具體地講出來。」**讓孩子瞭解，每個人只說自己的行為，對自己的行為負責。

這時，大人再針對每個人所講的內容，找到彼此的交集，讓每個人瞭解自己的行為模式是否適當。

在與孩子討論的過程中，不進行太多情緒上的爭辯，僅告訴孩子，「我們現在先暫停一下，你只要說你自己，不用告訴我別人做了什麼。」

不需要與孩子對立批判

引導孩子看待自己，覺察自己的言行舉止、說話方式是否需要進行調整。在與孩子討論的過程中，不一定要告訴他「你的行為是不對的」。請跳開二元的對立思考，多給孩子不同的回應。

聽聽看孩子的想法，至少我們展現了一種誠意，讓孩子瞭解我們想聆聽他說的話。孩子願意說，把自己內在的想法平實地講出來，我們也就多了一些瞭解他的機會。

看看孩子，我們也想想自己

面對對立反抗孩子，我們很容易把太多注意力聚焦在外在的行為表現，而深深忽略了，在這些行為表現以外，孩子「內在」真正要傳達的訊息。

若我們只求解決外在的行為表現，而不去瞭解孩子內在的想法與感受，說真的，這樣的解決成效是有限的。

每個人多少都期待被瞭解。如果我們也願意釋放出想瞭解的善意，我相信，彼此的關係一定有很大的機會產生改變。

如同對立反抗的孩子很容易將問題歸咎給其他人，千錯萬錯都是別人的錯，**父母也要留意這一點：我們是否也容易都把問題歸咎到孩子身上，而忽略了親子之間，我們自己在管教上、教養上，有哪些需要調整的地方？**

第四章

【修復傷痕】對立反抗的「關係修復」

化解孩子的「對立反抗」

當關係漸行漸遠
——對立反抗的「負能量」，正在醞釀中

「你到底怎麼搞的？考這什麼分數，還敢給我帶回來！爸媽花了多少錢讓你去補習，結果你竟然補成這種成績，能看嗎？你到底有沒有在努力，有沒有在讀書啊！」媽媽拿著考卷在志謙眼前用力地甩啊甩。

「媽，其實這次模擬考真的——」

志謙剛開口，卻被打斷了。

「你不用跟我說，我根本不想聽，別老是找一大堆理由、藉口來搪塞。」媽媽簡直暴怒。

「媽媽，你聽我把話說完嘛……」

媽媽繼續連珠炮似的痛罵。「你不說，我都已經知道你要講什麼了。成天不看書，盡是把時間耗在手機上，你這樣以後怎麼跟人家競爭啊？枉費爸媽花了這麼多心思、時間和金錢。我看你這輩子真的是沒有用了。」

志謙也火了。「媽，我話都還沒講完耶，你為什麼就在那邊劈里啪啦講一大堆？」

媽媽說：「有本事就拿出好成績來，別只會在那邊給我頂嘴。」

志謙決定不說了。

每回，當自己想要表達意見及澄清一些想法時，總是被媽媽覺得自己是在頂嘴、找理由，連聽都不聽，直接把他的話堵回來。

他發現媽媽一點都不瞭解自己。當然，更別提忙於工作的爸爸了。

志謙拒絕和爸媽說話了。

對立反抗的輔導與教養祕訣

批評，適可而止

我們是否可以過一個沒有批評的日子？想想看：我們批評孩子的「用意」，到底是什麼？

我們很容易在還沒有弄清楚問題前，就從行為的表象妄下定論。當親子之間沒有對話的空間，父母不願意聆聽孩子的想法、不願意瞭解孩子的實際情況，將造成彼此愈來愈衝突、疏離。

我常常在思考一件事情：當孩子表現得不如我們所預期，我們感到生氣，而對著孩子指責、批評、責罵或威脅……但我們如此反應，除了宣洩自己的情緒外，對孩子的幫助到底有多大？

或許，父母是認為這一切都是為了孩子好，且自認對於未來社會的瞭解，比孩子更清楚。因此，孩子只要一切按照我們的規劃努力就好。

面對負面評價，有些孩子採取消極態度，索性不跟父母談；有些孩子選擇壓抑自己，內心感到無助、困惑與徬徨；有些孩子則明顯地出現對立反抗，親子衝突不斷。

父母的期待與孩子表現的「落差」

親子之間的衝突與疏離，到底從何而來？

有時，反映了父母的期待與孩子實際的表現，兩者之間出現了落差。

父母很容易將期待套在孩子身上，為孩子量身定做一套應該要有的表現。衡量的標準，有些來自社會的價值判斷、父母原本的觀念與期許，或者自己有一直無法達到的目標，而將這一切加諸在孩子身上。

只是，我們往往只關注結果，卻忽略了孩子在邁向這個結果之前，他的能力，以及他付出的努力。**若孩子無法達到我們所預期的那一步，最忌諱父母直接認定是孩子不夠努力、認真**（當你忍不住有這種念頭時，請仔細想想：真的是如此嗎？不盡然吧）。

話術的拿捏

與對立反抗孩子相處，也讓我們慢慢學習說話的藝術，尤其是該如何去拿捏，對於對方的感受該如何去敏銳地察覺，並且，試著去瞭解哪些說話內容、字眼、語

化解孩子的「對立反抗」

調和口吻，容易讓孩子誤解。

最簡單的一種判斷方式是：試想，與他人說話時，我們希望聽到對方說些什麼？不見得是阿諛奉承或盡說些甜言蜜語的空話吧？

在日常生活中，我們可以多多收集、仔細聆聽身旁的人說話的方式，在這個過程裡去感受，面對各種不同的說話方式，我們的想法以及感覺會起什麼樣的轉變。

不要單方面地歸咎給孩子

當親子關係出現裂縫，無論是衝突或疏離，最令我擔心的是，父母是否往往都把問題歸咎到孩子身上，認為這是孩子需要做的改變，而沒想過父母自己也應該調整。

若希望親子關係有所改善，就不應該只是單方面地要求孩子改變。我常常在談一件事情：當父母願意改變，而且實際改變了，孩子將能夠敏感地注意到，甚至於自己也會有所調整。

你對自己的孩子夠瞭解嗎？夠熟悉嗎？

請仔細地問問自己：我對於眼前的孩子到底瞭解多少？熟悉到什麼程度？

當你對一個人不熟悉、不瞭解，卻又想要求他改變——在相互碰撞下，衝突便油然而生。

對孩子來說，很重要的一點是：他是否感受到你想瞭解他；或者，你只是期待他做出自己所希望的表現，而不在乎孩子到底是怎麼想的。

請勿一廂情願

父母真的不能一廂情願，認為孩子會想要把心裡的話向我們傾訴。

除非，讓孩子瞭解到我們是真心關愛他、真心為他著想。讓孩子感受到在他的生活中，有一個可以信任、傾訴的對象，而不是一個不斷挑剔、只會要求的人。

若我們發現自己不知該如何與孩子相處，或許可以換個方式來思考：自己在孩提時，與父母相處中，有哪些父母的作為令自己非常排斥、相當抗拒？有哪些是讓我們不時想念、回味，而感謝爸媽那些年如此對待我們？

主動釋放「和解」的橄欖枝

親子之間的衝突與疏離，若擱置著而不願意去正視它，隨著時間慢慢過去，關係將慢慢惡化。特別是，當父母缺乏自我覺察時，親子關係要進行良性改變，就顯得更不容易。

為了改善溝通，需要有人願意主動釋放橄欖枝，表達想要和解的善意，而最優先的人選，則是父母。

對立反抗孩子與父母的關係絕對不是像開關切換一般，立即就可以改變。這當中絕對沒有得來速的做法。

聽孩子把話說完

面對孩子的教育、成長或期待，我們的想法與要求是否合理？我們是否總認為自己的所作所為都是正確的，一切都是為了孩子好？

父母要細膩覺察，在孩子的成長過程中，日常生活裡，他們的想法、情緒、行為及人際社交等的改變。同時，仔細觀察親子之間的關係狀態。我們需要覺察：在和孩子相處的時間中，親子之間的話題，大都聚焦在哪些事情上？彼此的交集在哪裡？

如果我們只是關注孩子的課業、孩子的成績，那麼我們依然無法瞭解孩子心裡是怎麼想的。

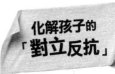

捨棄天方夜譚般的期待

有時，急不得。我們不能期待孩子像個開關一樣，對待我們的態度立即出現翻轉。這是天方夜譚般的期待。

讓孩子在關係逐漸修正的過程中，感受到我們善意的回應。

再次強調，並非我們得低聲下氣。在這當中，至少我們是非常專注地把他說的話、把他的意見當作一回事，而非敷衍了事。

同時，也不再只是由我們下定論，並且全盤否定他說的話。

別與孩子處在平行時空

解決對立反抗的狀況，也是在重新檢視親子之間過去的相處重心與內容。也許我們所在乎的與孩子所關注的，是兩個平行時空。

當這兩個平行時空沒有交集時，我們卻依然僅鎖定在孩子表現有落差的地方，這種情形下，孩子索性與大人「免談」。

化解孩子的「對立反抗」

修復關係不隔夜

我一直認為，當親子之間出現了衝突，想要修復這份關係，盡可能不隔夜。當日的問題，當日解決。

在臨睡前道歉，在睡前進行關係的調整，這是最理想的狀態。關係的修復一旦拖了太久，比如一拖就是兩、三個禮拜，甚至幾個月，你將發現親子關係只會愈來愈疏遠。

限時解凍，別讓冷戰逾時

當親子之間起了爭執，由於心情不甚美麗，而第一時間選擇沉默，不想與對方說話，讓自己冷靜，這的確是一種因應的方式，暫時化解了彼此後續的衝突。

否則，**真的沒必要和孩子冷戰，因為在冷戰之後，你還是得面對自己的孩子。**同時，青春期孩子本來就與父母保持較冷淡的關係，若再採取冷戰，親子關係要退冰，就得多擺上好幾天，甚至好幾個禮拜，才有可能解凍。

我們要對冷戰「限時」。若冷戰得太久，只會凍壞彼此的關係。

孩子充滿對立的態度，怎麼辦？

——破壞教室氣氛的殺手

「這我教了多少遍，怎麼老是教不會？」老師對浩傑說。

「教不會就把我教會啊，你不是老師嗎？」

見浩傑回得理直氣壯，老師不以為然。

「你在說什麼話？別人學得懂，是你自己學不懂，還歸咎是老師的錯？」

浩傑冷笑，說：「拜託，什麼叫老師？老師就是要有本事把不會的人教會。會的人本來就會了，還需要你教嗎？」

老師搖搖頭，說：「我看像你這種人，就算神明下來教你也教不會。」

「我幹你娘，你說那什麼話？」浩傑突然從座位上站起來，作勢要拿課本砸向

化解孩子的「對立反抗」

老師。老師愣了一下，隨即大發雷霆。

「你太誇張了，你在跟誰講話？TMD，你以為我不敢管你是不是？班長，去找學務主任來！」

「幹！你怎樣？」

「我什麼怎樣？你在跟誰講話？哇哩勒幹你娘！」連老師也罵出了三字經，底下的同學面面相覷。

對班長來講，去也不是，不去也不是，一個是班上同學公認的小惡霸，一個是現在也在氣頭上的老師。如果真的去找了學務主任，他擔心會不會激怒浩傑，而成了他的眼中釘。但老師的指令又箭在弦上，不去不行，真的是令人為難啊！

「挖哩操你媽的逼！」浩傑情緒激動得瀕臨爆點，兩隻拳頭緊握。

老師也不甘示弱，手上的講義已經被扭得不成樣。

教室裡，面對充滿對立的學生，老師到底該如何處理？

當找了其他人來支援，例如學務主任，看在孩子眼裡，代表的又是什麼意義？又是什麼訊息？會不會讓孩子直覺認為，自己根本拿他沒辦法，只好找人來尋求協助？是否在孩子的心中，自己更讓他瞧不起？

對立反抗的輔導與教養祕訣

遇到了，教學生涯才是圓滿

你說：「我教書教了這麼多年，從來沒遇過如此惡劣的孩子！」

——但這回，真的讓你遇上了。

在演講過程中，我常常詢問現場的老師，「在你的教學生涯中，是否遇過對立反抗的孩子？有的人請舉手。」舉手的老師三三兩兩。

當下，我馬上會補上一句，「當有一天你退休了，回顧你的教學生涯，如果沒有遇到對立反抗的孩子，那教學生涯真的是不夠圓滿啊！」

聽起來雖然像一句玩笑話，但現實是，這種情況在教學現場屢見不鮮。老師在教學生涯中，難免都會遇到對立反抗孩子，這是躲避不了的。

不是遇不到，只是時辰未到。

化解孩子的「對立反抗」

忽視與逃避的代價

老師難免會抱怨，「我怎麼那麼倒楣，遇到這樣的孩子。」說真的，偶爾抱怨是自然的，表達心裡的委屈與不滿既有必要，也是適時的紓解。

然而，在抱怨之餘，我們是否也可來思考，如何面對及解決眼前的這個問題。

如果真的遇到了，怎麼辦？

是選擇面對？逃避？還是忽視眼前這個孩子？

我可以確定的是，當我們選擇了逃避與忽視，只會更加深孩子對立反抗的強度。孩子很自然會認為老師拿他沒辦法，無法要求他、管教他；而這種情況看在班上其他同學的眼裡，也會認為老師沒有作為，感到不以為然，使得老師日後班級經營的難度更加險峻。

對立反抗孩子無所不在。然而，不怕存在，只要我們願意陪伴以待。

避免帶著偏見對待孩子

若我們對孩子有了先入為主的偏見，便會認為他「就是」一個小霸王、壞孩子、沒教養、不良學生、非行少年等。

然而，孩子終究不希望別人看待自己時，是戴著有色的眼鏡、帶著偏見。

他們會想：「**既然你選擇這樣來看我，那我就乾脆以你期待的方式回應你。**既然你認為我壞，那我就不需要表現得太好；既然你認為我不良，那麼我就繼續惡劣給你看。反正，你也拿我沒辦法。」

面對對立反抗孩子時，我們是否帶著標籤、刻板印象？是否明確地顯現出，我們根本不想跟他有任何瓜葛？若是如此，要讓孩子改變將非常困難。

一旦壞了與孩子之間的關係，就真的沒戲唱了，結局已經確定，師生的衝突將會不斷惡化下去，看不到最終回。

善意，是最佳的鬆動劑

對立反抗孩子總是刻意中斷、干擾老師在教學現場的節奏。這些孩子往往想爭奪主導權，用最直白的說法就是——讓你的課無法順利上下去。

當老師花費了許多時間在處理眼前孩子的態度，不知不覺中，就陷入了孩子布下的陷阱。

孩子可以預設我們的一舉一動，我們的反應都在他的盤算當中，這是一場他穩賺不賠的生意，對立反抗的態度就更為強化了。

請提醒自己維持教學節奏。既然孩子想要影響你，若你真的也受了影響，那這一局，師生之間的關係，老師就真的輸了。

化解孩子的「對立反抗」

與對立反抗孩子和解？

或許有的老師會想：「為什麼我需要改變？」「該改變的不是他嗎？」我依然要強調：對立反抗真的是兩個人之間的事。

雙方可以重新檢視彼此的關係是否要修正，是否能夠維持應有的尊重，並彼此進行調整。

當老師一直保持著「上對下」的立場，始終認定孩子就是要聽老師的、就是要配合老師的要求——若我們太執著於這些信念，再以責罵、處罰的方式來糾正孩子，很容易導致更多對立反抗孩子的出現。

對於孩子來說，對立容易，造反有理，他不會去在乎你到底要用什麼方式處罰他，因為他根本不埋單。當孩子持續感受到大人的不友善，便會更強化他想要推翻這個大人的動機，挑戰大人的立場。

處理對立反抗孩子的情況，真的不容易，因為這種態度的養成不是一天、兩天。這關係到孩子過去在與大人的互動關係上，比如爸媽、老師的要求與做法，他是怎麼解釋、認定及感受的。

私底下的對話

當我們需要與孩子對話時，建議採私底下進行。我們很清楚地釋放出善意，表達我們想要解決問題的動機。

在時間安排上，建議讓孩子二選一或三選一，由我們列出相關的時間，讓孩子來從中做決定。這麼做有一個好處，可以讓孩子明顯感受到我們對他的基本尊重。

當我們釋放出基本的尊重、基本的善意，孩子對立的態度是有可能鬆動的。

不僅處理表象，請往內心探究

面對對立反抗，我們要避免僅處理行為表象，只要求這些孩子調整他們對於大人的態度和說話方式。

如果我們不往孩子的內心去尋求答案，許多的衝突與對撞，只會不斷地惡性循環。孩子對於大人的不滿及挑戰大人的情況，只會變得更強烈，而大人只是不斷地感到耗損，心力交瘁。

面對對立反抗孩子，我們需要聆聽關於權威、關於大人對他的要求，他心裡的想法，並瞭解他到底如何看待這個世界。

當我們不願意去聆聽，當我們選擇漠視這些孩子心裡的不滿聲音，就很容易錯過與這些孩子內心的交流。更無法瞭解，這些孩子在行為的表象底下，內心真正要反映的本質到底是什麼。

事實上，**當我們以尊重的方式、和緩的語氣，以想要瞭解這孩子的動機，來和對立反抗孩子接觸，將發現孩子也會反映出相對應的尊重，而使得彼此有機會瞭解對一些人、事、物的看法。**

處理對立反抗孩子的狀況，關鍵在於，我們是否有要瞭解這些孩子行為的用意，而非只想用強硬的方式逼孩子妥協。

化解孩子的「對立反抗」

照章處理，會有盲點

有時，對於對立反抗的孩子，我們想要用直接懲罰的方式，例如國中、高中職階段，以記過、警告威脅、威嚇孩子。

沒錯，校園裡有應有的校規規定。然而，這樣的處理很容易流於形式，大人只是為了做而做，或是對其他同學、老師們有交代。但是，這麼做是否有助於讓對立反抗孩子翻轉態度，我抱持著懷疑。

當孩子衝撞規定

孩子是否可以衝撞大人所制定的校規、班規或家規？

關於這一點，我認為孩子有權利提出他對於這些規定的疑惑。但關鍵在於，孩子是否需要使用這麼強烈、不適當的方式反應。

我們要求孩子和善地對待我們，那麼，我們自己也要能夠體現出這樣的態度。否則大人說一套、做一套，反映出不一致的標準，孩子看在眼裡，很容易出現反彈。

化解孩子的「對立反抗」

孩子態度惡劣，怎麼辦？

——雙方的停火和解

「你誰呀！我幹麼要聽你的！」又來了，雄威又用這句話衝撞老師。

老師按捺著脾氣，說：「我跟你講，在教室裡，一切我說了算。」

「誰鳥你啊！」雄威不屑地回他。

「你說這什麼話？我是導師，班級經營是我的權限，我當然有權利、義務來要求你們這群學生，自古以來這是天經地義的事情。現在的孩子，真的是連一點尊師重道的觀念都蕩然無存。」

雄威翻了個白眼，說：「現在，哪個朝代啊？夏商周？唐宋元明清？現在都已經西元幾年了？」

「你誰呀！我幹麼要聽你的！」

這句刺耳的話，不時迴盪在教室裡。但是，老師總得嘗試沉住氣，因為在教學上，難免會遇上對立反抗的孩子，這是無法迴避的。或者也只能自嘲，如果沒遇過這樣的孩子，那麼教學生涯似乎顯得不圓滿。

說是這麼講，卻沒有哪個做老師的愛遇上。然而真的遇上了，該如何是好？

老師知道，現在不能讓負面情緒籠罩住理智。因為情緒失控而導致老師頻上新聞的事件，時有所聞，他可不想實現普普藝術大師安迪・沃荷的那句名言：「在未來，每個人都有十五分鐘成名的機會。」這種成名，寧可不要。

但是雄威的叫囂，每一字、每一句、每個聲調，一直迴盪在耳際。

老師思索著：「『我是誰？』我該如何回答他這個問題？孩子說這句話，到底是想要告訴我什麼？想要反映什麼？」

不過，在想出答案之前，可以確定的是，師生彼此的關係沒有建立好，孩子想要試探老師的底線，結果激怒了老師。

「你誰呀！我幹麼要聽你的！」

雄威露出得意又狡猾的奸笑，正宣示著「你又能奈我何」。

對立反抗的輔導與教養祕訣

對立反抗的意涵

「孩子的對立反抗行為，到底是要告訴我們什麼訊息？」

這是我在看待事情時，常常不斷問自己的一種方式，這有助於讓我產生一種想要瞭解眼前這個孩子的動機。

當我們想要瞭解、想與孩子溝通，多少就能夠以善意的方式和孩子對話。孩子也比較有意願想要與我們進行溝通。

讓孩子瞭解我們接受他的不滿情緒。先不要讓孩子覺得他做錯了事情、不要讓孩子有被責怪的感受，因為在這種情況下，只會更加深孩子對於我們大人的抗拒，造成關係變得更惡化、更加的對立。

仔細聆聽孩子對老師的不滿到底是什麼。過程中，不進行評判或急於解釋。可以聽聽看孩子希望我們大人怎麼做，愈具體愈好，同時，進一步思考，這些要求與期待是否合理。假如我們做不到，當中的顧慮到底是什麼？是無法按照孩子的要求來做，還是自己其實不想改變？

對孩子，用力甩開「我說了算」這句話

「我說了算」這句話背後所要傳達的訊息，到底是什麼？

這是一種唯我獨尊，「你們都不要有任何意見」。

某些孩子會覺得，「當你阻撓了我發表意見的權利，當你扼殺了我的想法，我就想要捍衛自己的權利，自己的主場自己挺，跟你拚了」。

孩子不會顧慮所謂的尊師重道，在他的觀念裡，這是老掉牙的準則了，誰還談這一套——既然大人不尊重我，我也不會尊重大人。

當我們抱持著「我說了算」的念頭，也等於是直接告訴孩子，「你不用和我談，我們沒有什麼好溝通的。」沒有了對話，只剩命令，一切就是「你要聽我的」。

我們都想讓孩子配合我們，但孩子是一個活生生的個體，他有他的想法、思考與感受，他有對事情的看法、他的個性、他的特質，以及與他人之間的應對關係。

化解孩子的「對立反抗」

既然我們都希望與孩子之間，可以透過溝通達到好好的瞭解，就請大人試著先擺脫「我說了算」的念頭。

請放心，**這並不等於會讓我們失去所謂的立場與尊重。**

平等對待

說真的，如果大人沒有釋放出任何想要瞭解的善意，孩子也不需要讓我們瞭解。

在與孩子的對話中，並非我們得委曲求全、放低姿態。而是當我們把孩子視為一個獨立的個體，我們就會以平等的方式，尊重彼此的感受，雙方以適當的方式相處。

如果你氣呼呼地告訴孩子，「我是誰？難道你不知道嗎？」這麼做，反而更容易激怒他，因為這句話帶有一些挑釁的意味，而容易挑起彼此的口角爭執。

在這當下，我們也需要自我覺察，自己的情緒是否已經受到孩子的撥弄影響。

「我是誰？」——界定關係

「你誰呀！我幹麼要聽你的！」在校園服務中，曾有非自願被轉介到輔導室的學生，對著我說了這句話。

當時，我推測他這麼做的目的，是想要試探我的反應。我很冷靜與沉穩地回應他，「○○○年○月○日○點至○點，我是你的老師。」我選擇這麼回應，多少對孩子界定了我們之間的關係。重點在於，別被他的話語刺激，讓自己壞了心情、亂了分寸。

當然，我那樣直接的反應，很容易誤觸孩子的情緒地雷。這絕非標準模式，也不是一體適用，一切都得依孩子當下的情況及彼此的關係來決定。

如果時空來到現在，對於非自願被安排見面做諮商的孩子，我會拋開「○○○年○月○日○點至○點，我是你的老師」這樣的回應，而是傾向於同理孩子抗拒諮商的感受。

適時地同理，反映他的情緒，也是緩和彼此關係的一種方式。例如對他說：「我想，對於突然被安排做諮商這件事，似乎讓你感到不受尊重而生氣。」

留意第二波攻擊

如果你正在上課，比較適切的方式是，你可以看著他，對著他微笑，繼續進行當下正在上的課程內容（我知道，這種讓情緒穩定的功力是絕對需要練的），不讓

化解孩子的「對立反抗」

孩子有任何機會影響自己的上課節奏。

當然，孩子不會因此就作罷，他可能回嘴，「笑個屁啊！笑什麼笑？」請記得，孩子的這些說法依然是想要挑起我們的情緒，只是他發動了第二波攻擊。因此，再度提醒自己，繼續維持我們的節奏，我們可以請其他同學站起來回答問題，可以繼續在黑板上寫字，繼續講解上課的內容，或讓同學們寫評量練習。

將這些不友善的語言，以忽略的方式，削弱它的力道。

例如對全班學生說：「各位同學，老師會再找時間來處理這件事情，現在我們繼續上課。」讓其他學生們知道老師對於這件事的態度，以及處理的時間點。

接著再找個時間，好好地與當事人進行溝通。

雙方暫時熄火

要談和解，總是得大人和孩子雙方都暫時熄火，坐下來針對彼此的不同想法，好好地進行一些磋商與交流。

在尋求和解的過程中，大人和孩子終究得各退一步，試著聽聽對方的立場和自己的立場，哪裡不一樣。

一、先聽孩子說

先試著讓孩子說，勝過於我們自己先講。並且，在孩子說的過程中，優先建議大人不要進行任何批判，讓孩子把話說完。

聽孩子表達時，我們可以適時地自我表露，充分讓孩子瞭解，老師在課堂上，難堪、羞愧、尷尬的感受。

在彼此各說各話的狀況下，或許沒有明顯的交集，但是若**我們聽孩子說，並且試著把自己的一些想法讓孩子知道**，至少每個人都各自陳述了意見。為了擴大彼此的交集，端視雙方是否願意釋放出善意，有彈性地修正與退讓。

二、先拋開「對」與「錯」的二分法

和解，需要由其中一方提出來，表示我們真正想要熄火，維持和諧的狀態。無論是在家裡或在教室中，當大人和孩子一直處於敵對的狀態，氣氛實在不會有多好。

在與孩子對話的過程中，我們先拋開誰對誰錯的二分法。因為當話題來到對或錯，被視為錯的那一方很自然地又會激起不滿，往往再次擴大了彼此之間的裂痕。

化解孩子的
「對立反抗」

孩子與大人總是起衝突，怎麼辦？

——「身教」，歷久不衰的真理

「你這個孩子是吃錯藥了是不是？凶什麼凶啊？我招誰惹誰呀？我只是一句話提醒你，『現在時間很晚了，趕快睡。』怎樣？這句話說錯了嗎？你現在不睡，明天起得來嗎？每天早上總是需要你媽催，都幾歲的人了，還需要人家提醒，那以後出社會怎麼辦，誰敢用你這種人啊？真的是不像話。」

自己只是好意提醒兒子該睡了，卻被他吼回來，嫌囉嗦，做爸爸的也火了起來。

賢仲不耐煩地回：「你講夠了沒？我幾點睡，干你什麼事啊？你想睡，就自己去睡啊，囉哩囉嗦的。」

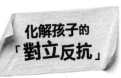

「你在跟誰講話？我是你爸ㄟ。」

「爸爸又怎樣？管那麼多，連睡覺你都要管，你不會好好管自己工作上的事情。都工作幾年了，還只是個科長，丟不丟臉啊？」

賢仲帶著嘲諷的口氣，真的把爸爸激怒了。

「你這孩子到底在說什麼？你給我閉嘴喔，有本事你再給我說說看，小心我賞你一巴掌。」

「怎樣？我說錯了嗎？我有說錯嗎？」賢仲仍不甘示弱。

孩子的下巴揚起，爸爸的雙拳緊握。

眼見父子間的衝突一觸即發，媽媽緊張地安撫著先生，「好了，好了，你趕快去睡，明天早上，我再叫他。你不要再說了，你趕快去睡。」

爸爸邊走向房間，邊繼續罵著，「我警告你，你有種再給我說說看。你的生活費、學費、開銷都是誰在付？我沒有工作，你哪有這些啊？你還不是都得靠我養。你那什麼嘴型？你有種就給我說出來。」

媽媽擋在兩人中間，催促先生說：「你趕快去睡覺了，去睡覺了。」

「我跟你講，要不是明天一大早我要搭高鐵到南部出差，不然，今天晚上我跟你沒完沒了！」爸爸最後撂下這句話。

一旁的媽媽非常苦惱：為什麼父子倆不能好好地說話？她發現父子倆是同一個調，兩個人脾氣都很硬，說話都帶酸、帶刺，誰也聽不見誰講的話，就像黑羊與白羊過獨木橋，誰也不讓誰。

而自己呢？就像站在獨木橋中間，不知該如何是好。

對立反抗的輔導與教養祕訣

硬脾氣的復刻版

許多父母及老師會很疑惑：孩子這些火爆的行為，到底是從哪裡學習而來？其實，若我們仔細觀察，會發現孩子說話的方式、語調及使用的一些字眼，往往跟大人對待他的方式很類似。

孩子雖不具實質的權威，卻將大人的行為模式完全「復刻」了，同時回過頭來朝我們反噬。**我們怎麼對待孩子，孩子就怎樣來對待我們**——這一點，大人不得不仔細留意。

我相信，當父母或老師以比較和善的方式與孩子互動，一定可以有效降低孩子對立反抗的態度。

謝絕惡性循環

當我們在親子關係中缺乏覺察，很容易會以自己過去習慣的管教方式來對待孩子。

錯誤的教養方法、不適當的管教態度……陷入無盡的迴圈，惡性循環，使親子關係的品質愈來愈惡化。

「身教」——歷久不衰的真理

進一步觀察身旁的人，想一想：為什麼有些孩子與大人對立衝突的狀況，相對地較少？我們可以去瞭解這些人的做法，當作參考指標。

「身教」的作用，明顯勝過於言教。

不見得要對孩子說出太多道理，但如果我們可以在「第一時間」適切地回應，將能讓孩子明顯感受到，原來他說和做的方式，影響了對方是給他善意或惡意的回應。

化解孩子的「對立反抗」

對等的溝通

讓我們試著與孩子以「對等」的方式進行溝通，採取互相尊重的方式，就事論事。

當孩子提出更為周延、完整，甚至於有建設性的意見時，我們當然也予以接納、尊重。例如：

「相信你希望爸媽尊重你，當然，我也希望你尊重我。既然我們都希望能夠互相尊重，那我們就試著以心平氣和的方式來對話。」

「我用心平氣和的方式跟你說，如果你可以，也請你用心平氣和的方式來表達。我相信，你能夠使用成熟的方式來進行對話。」

「我想，我們都想要解決問題，既然是解決問題，那我們就一起用比較平穩的語氣來對話，我說我的想法，你說你的意見。看你先說，還是我先表達。」

在說話過程中，再度提醒自己，不要有太多情緒性的字眼。

當大人只剩下責罵，孩子難有改變

教室裡，老師大聲罵孩子，到底想要達到什麼目的？

「你們統統給我安靜！我跟你們講了多少遍？吵什麼吵！你們就是要讓我大聲罵你們就對了？全班都給我站起來！」

當老師大聲地對著孩子叫囂、咆哮、責罵，反映的是，大人易怒的情緒，已經被孩子的對立反抗行為撩撥了起來。憤怒霎時整個燃燒，老師的情緒瀕臨失控。

或許你會說：「在這種情況下，老師也是人，當然也會有情緒。」

你說的沒錯，這種情緒反應是非常自然的。

只不過，**當我們爆出易怒情緒，只是單純抒發情緒，就不能期待孩子在教室裡的行為會有明顯的改變。**

「情緒反應」是一回事；「班級經營」又是另外一回事。

壓制與收斂

面對班級秩序，第一線的老師有時會期待以高壓的方式，來壓制班上學生的脫序、干擾等行為。

當然，有些學生會因為老師突如其來的高音量，或者是臉部凶惡的表情，或出現一些激烈的情緒反應（例如拍桌、甩課本、丟粉筆、用力敲黑板等）而懼怕，心

化解孩子的「對立反抗」

想：「老師今天是不是吃錯藥了。」

然而，我們需要仔細思考：**我們想要傳達給孩子的，到底是什麼？**

你可能在想，當我們使用比較強烈的方式，孩子應該會有所收斂。

當然，有些孩子在這種情況下，會有害怕的感覺。然而，怕歸怕，孩子的行為是否會有改變，我先持保留看法。

也許你會認為，如果孩子下一次不想再討罵，應該就會收斂他的行為。

的確，選擇了大聲咆哮來進行班級經營，這是解決問題的方法之一，但請記得這是「之一」，不能當作是唯一。

大人技窮，孩子則是有樣學樣

當我們太常使用大聲責罵的方式，有時反映給孩子的卻是我們技窮，沒有別的方法，只能用這種最原始的手段來解決問題。

假如我們都是用大聲責罵的方式，那麼，有天當孩子在班上和在家裡也都有樣學樣，以這種方法來解決他的問題，我們實在也無話可說。

腦力激盪，解決問題

你可能很不以為然，「好，心理師，那我問你：教室裡面吵吵鬧鬧的，我到底該怎麼做？」

班級經營的技巧可說是非常有彈性的一門藝術，重點是，老師的整體教學節奏是不是依然能順利進行。

例如，當學生們一直在說話，老師可以試著引導全班開始朗讀課文；或者走到嬉鬧的孩子身旁，甚至點他起來回答問題。也可以開始進行分組討論，讓班上同學們的討論聲，蓋過交頭接耳的嘈雜講話聲。

當然，以上這些都只是例子，運用在班上是否能發揮效果，得視每個孩子的身心特質與每個教室裡的實際狀況，進行調整和修正。

我提出這些例子，用意在於分享一種想法：**解決問題的方式真的很多。我們試著採取副作用最少的方式，至少不會因為我們的表現方式，而導致孩子的情緒被撩撥起來，或是被孩子學去了。**

必要的思考

下次在教室裡，想要大聲罵學生時，不妨先停下來，自我覺察一下：

- 我真的要用這麼大聲的音量嗎？
- 我這樣的音量，到底是要傳達什麼意思？
- 我真的要使用這麼多威脅性的字眼嗎？這些字眼的使用，會不會帶來一些傷害性？
- 使用大聲的方式，所期待的結果是什麼？
- 除了用大聲的方式，我在班級經營上，是否用過其他方法？

有了自我覺察，我們就有機會試著控制自己的情緒。讓情緒抒發歸抒發，班級經營歸班級經營。

孩子總是心存報復，怎麼辦？

——允許報復有「寬容值」

「有天，我一定要去堵那個小學老師！太可惡了，以前總是在同學面前羞辱我，給我難堪，讓我在班上變黑，全班同學都拒絕和我來往。」

雖然已經畢業快三年了，但書懷只要一想到那時，那個國小老師對自己的惡意對待，心頭就湧上一股恨意。

兒子喃喃自語的埋怨聽在媽媽耳裡，除了心疼之外，也感到十分擔心，生怕孩子哪一天控制不住，真的對老師做出什麼不可挽回的事。但是媽媽也感到不解，心想：「奇怪，這孩子已經小學畢業了兩、三年，為什麼對以前的老師依然懷恨在心？」

好幾次，她苦口婆心地勸告書懷，「事情已經過去了，不要再當一回事，就忘了他吧！」

可是對於書懷來說，怎麼忘得掉，「愈叫我忘了他，我就愈難忘記那件事情。」

媽媽試著告誡孩子，「誰教你當時在教室裡，對老師的態度也不是很友善、不禮貌，也難怪老師總會在課堂上盯著你。」

「你在說那什麼屁話！盯我？好啊！有種就到外面來盯我啊！他媽的，以為是老師就了不起？我還有很多帳沒跟他算，彼此走著瞧！幹！」

沒想到這樣子的勸誡似乎適得其反。不說還好，愈說，反而愈激怒孩子，讓書懷對老師的恨意更深。

報仇、報復這些字眼，不時在孩子的言語中浮現。

對立反抗的輔導與教養祕訣

讓孩子思考自己的「報復心」

在和孩子溝通的時候，可以試著讓孩子瞭解：

- 他想報復的對象是誰？
- 哪些事件，讓他想要報復？
- 他想要報復的目的？
- 最後期待的結果是什麼？
- 他會用什麼樣的方法來報復？
- 為什麼採取了這個方法？
- 過去，他是否曾經採取類似的方式？
- 他是否曾經以另外的方式解決問題？
- 他有沒有思考過：在這項報復行為之後，自己可能面對的行為後果是什麼？
- 這種報復方式是自己想出來的？還是說從其他的來源得知（例如朋友、電視、電影、小說、漫畫裡的情節）？或是大人對待他的方式？
- 報復完之後，他除了可能感到滿足、爽快之外，然後呢？
- 接下來，他決定怎麼做？

關於「報復代價」的成本分析

有些孩子認為以牙還牙、以眼還眼，這樣的報復是剛剛好而已。

然而，選擇以其人之道、還治其人之身，孩子也連帶地要面對這件事：自己行為所帶來的後果及代價，自己是否可以承擔？例如被學校記過、被要求回家管教，或是被要求接受輔導，被迫得休學、退學、轉學等影響。

試著引導孩子思考以及評估這些報復行為：他是否曾經分析過自己要因這些行為付出的代價，是否瞭解代價過高，或是可以試著採取其他方法解決而達到相同的滿足，比如心理上的補償，或達到所謂的爽快程度。

對於孩子來說，最好的情形就是解決了問題，但並不會對自己帶來負面影響，而關鍵就在於，**這些解決問題的方法是否「夠成熟」**。

江湖道上，彼此理解

孩子想報復，有時心裡想的是，「你給我難堪，我也不會給你好看」。

我們先來思考如何定義「難堪」一詞，也就是孩子如何看待這件事，例如：

「老師不顧我的感受，在眾人面前數落我，說我的不是，批評我，讓我在同學的面前抬不起頭，讓同學對我冷嘲熱諷，排斥我，拒絕我，害我在班上的人際關係受挫，總是落單，沒有自尊，沒面子，無法忍受。」

由於大人的不當對待，導致孩子覺得難堪、難受、羞愧，覺得受到侮辱、羞辱，對於孩子來說，心中一股積壓已久的負面感受需要獲得宣洩，以舒緩情緒。

我們不希望孩子採取報復的手段，但在這之前，我們至少要能夠先感受到孩子對於大人的要求，所產生的不滿、不爽的情緒，我們要先能夠接受他的這些情緒，讓他至少感受到我們瞭解他的這種不爽。

對於一些孩子來說，讓他發現自己的情緒至少被認同、被接受了，多少可能降低後續的報復行為。

滿腦子都想著要報復的孩子，正陷入負面思考的漩渦，注意力聚焦在負面的事物上。

允許報復有「寬容值」

若孩子處心積慮地就是想要報復，我們要想想：這個仇，到底是怎麼一回事？為什麼孩子會把這件事情以仇恨的角度來看待？

孩子是否有其他不同的解釋方式？報復之後，除了讓心裡感到爽之外，還有什麼用意呢？

我們不妨思考：自己在乎的是「孩子能不能有報復的想法」？還是在乎「孩子的報復行為模式」？當我們明白界定了其中的差異，或許對於孩子的報復行為，比較能夠有清楚的瞭解。

我們的寬容值，可以允許到什麼樣的程度？

此仇，非報不可嗎？

孩子想要報復的心態是可以理解，甚至是很自然的一件事情。

在許多故事及歷史事件中，或相關的電視、電影、小說、漫畫劇情裡，「報復」這件事經常被提起。只是，我們依然要釐清：對孩子來說，他要報復大人什麼事情？到底是什麼事，讓孩子覺得是一種仇恨，非報不可？

若孩子覺得我們讓他難堪，讓我們來想想：在什麼樣的場合，我們說了什麼話或做了什麼事，讓孩子有這樣的感受？

這時，**請勿跟孩子辯解。有時愈辯解，孩子反而愈覺得大人只是低不下頭，噱**

不下這口氣，死不認帳而已。

對立反抗的孩子在很多想法上，是不合理的，但是當事人並不這麼認為。在他的認知裡，自己所做的、所說的，就是對的，就是真理。

報復行為，真的不可理喻嗎？

有些孩子選擇的報復方式在於害大人感到難堪，例如在教室裡直接用言語數落老師，讓老師在全班學生面前感到羞愧；或是在親朋好友的聚會中，不給爸媽面子，在這種情況下，孩子主要挑撥的是使你覺得不受尊重。

我們要想想看：孩子和大人之間的關係，到底是如何演變到目前的狀態？同時，在關係的發展過程中，我們是否曾經停下來聆聽孩子是怎麼想、怎麼表達他內心的想法？對於孩子的想法，我們是否曾經願意去採納（當然不是百分之百地採納）？

「我的孩子／我的學生竟然想報復我？」面對孩子的報復行為，許多父母、老師既無法理解，也無法接受，可能會心想：「不管再怎麼說，我養育你／我教導你，結果最後你竟然採取這樣的態度來回報我。」

「回報」這兩個字，其實蘊含著我們對於孩子的行為有所求，有所期待。

許多衝突往往來自於大人期待與孩子表現之間的落差，當這個落差愈大，衝突便更容易產生。

孩子需要承擔報復的代價

為什麼孩子想要報復？

孩子想要透過報復的過程，獲得什麼樣的快感？

當然，有的孩子會想：「我這麼做，就是我爽啊！」

沒錯，報復先滿足了孩子內心的一種快感，可是在報復的過程中及之後，孩子也將面臨後續產生自己無法預期的行為後果和代價。

不過，孩子在從事報復行為之前，是否曾自我覺察並思考過，這個行為可能帶來的後果？

可惜的是，對立反抗孩子往往不太去思考、也不管這種報復行為會有什麼後果存在。先做了再說，至少先滿足了自己當下的情緒——我就是爽。但是，然後呢？在爽完之後，也許孩子就得開始承擔這個行為的後果。

允許孩子有報復心，但是，他必須仔細地判斷，這樣子的報復行為是否會造成對方心理或身體上的傷害、財產損失、名譽受損，或是引發法律上的問題，反讓自己深陷其害。

我們同理孩子想要報復的心情，然而，並不等於我們認同他的報復行為。這是兩件事情，需要加以區分。

化解孩子的「對立反抗」

孩子總是充滿恨意，怎麼辦？

——回想親子之間的美好交集

「你吵什麼吵?!」

明宏對媽媽咆哮著，同時用力把杯子往地上甩，玻璃碎片散落滿地，媽媽驚嚇得說不出話來。

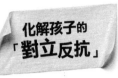

「死八婆，別老是在那邊囉哩囉嗦的，有完沒完，講一大堆，煩都煩死了。」

你沒聽錯，明宏就是用這樣子的口吻在對媽媽說話，而且這種情況已有一段時間。

但是，媽媽一句話也無法反駁，因為她知道自己只要回應一句，明宏充滿怨懟、不滿、厭惡的情緒，又會霎時爆發。她只能默默地拿起掃把，把地上的玻璃碎片掃乾淨。面對孩子的激烈反應，自己只能忍氣吞聲。

很無奈地，也不能把這些事情告訴遠在大陸工作的先生。除了因為先生長期在大陸工作，一個月才回臺灣一次，遠距離管教也莫可奈何，她最顧慮的是假如讓先生知道孩子對待自己的態度，等他回家時，父子倆一定會起衝突。

她很清楚兒子一直壓抑著挨爸爸揍的不滿，懷恨在心。小時候，無論爸爸怎麼打，明宏都只能默默承受，又能奈何，爸爸的力氣大，一巴掌揮過來，哪個小孩不畏懼。但她親耳聽兒子說過：「等我長大，他就知道了，我看他可以打我到什麼時候。」

孩子長大了，可以想見，如果先生現在又動手，明宏一定會起而反抗。更何況正值青春期的明宏，體格比爸爸來得高又壯，倘若他們父子真的發生肢體衝突，後果不堪設想。

媽媽非常懊惱又無奈，因為只要先生不在家，孩子對自己的態度就更加惡劣。她可以感受到孩子是長期耳濡目染，逐漸模仿、學習了爸爸對自己的方式，來對待媽媽。

「孩子怎麼會變成這樣？那個曾經笑容滿面的小男孩，為什麼現在變得這麼充滿怨恨、有敵意？」

媽媽心裡充滿了疑惑，找不到答案。

對立反抗的輔導與教養祕訣

巨大的權威陰影

有些家庭，爸爸總是缺席，與孩子相處的時間不多，關係建立不深。但在教養上，卻往往採取強硬、極端、高壓的模式，使用指責、批評、數落、謾罵，甚至於動手。

對於孩子來說，眼前出現了巨大、強烈的權威者，往往令他感到恐懼，同時，也在內心逐漸蓄積著怨懟、不滿。

孩子很清楚，眼前這個大人對他來說太強勢了，他打不倒。既然爸爸是打不倒的，索性把恨意的矛頭指向相對弱勢的媽媽——一種充滿恨意的變調親子互動模式，逐漸扭曲成形。

恨意的轉移

這股巨大的權威陰影逐漸掩沒孩子的認知，另一方面，恨意也容易擴散，讓孩子仿效了以惡的方式對待另一個大人。

等到有一天，孩子上了學，發現班上老師的反應與家裡的媽媽類似，便很容易把這股對於權威大人（例如爸爸）的恨意，逐漸複製、移植、擴散，從科任老師到導師，甚至於眼前所有的大人。

至於爸爸的部分呢？「等我長大那一天，再好好來算總帳。」孩子可能這麼想。

敵意的孳生

你可能非常不解：為什麼孩子總是對自己充滿敵意？

「我沒有那個意思，是你自己會錯意。」你覺得自己似乎總是得對所說的話、所做的事，對孩子提出澄清。

我們可以重新將自己所說的話複誦出來，如果能夠仔細地寫下來、錄音下來更好，有助於我們詳細地審視自己所用的每一個字眼，並且試著選用更貼切的字眼。

化解孩子的「對立反抗」

仔細地反省，我們有哪一句話或哪一個動作，讓孩子有了這樣敵意的解讀。

敵意，有時反映的是孩子的解讀系統可能出了問題，使得他對於日常生活周遭的人、事、物，總以非常負面的方式進行解釋。

為什麼孩子總是容易把情況想成那麼負面，認為大人對他有成見？我們不妨停下來思考：自己對待孩子的態度，是否總是充斥批評、指責與謾罵。當我們沒有給孩子好的回應，孩子自然也很難有正面的回應。

有時，比較適合的做法是「改變我們的說話方式」。若我們用負面說法提醒，孩子接受到的一定是負面訊息；相對地，**如果我們是用正向的說話方式提醒，雖然有時孩子也會做負面解釋，但比較有機會出現善意的解讀。**

當孩子對大人「全面否決」

「怎麼辦？我的孩子不管遇到誰，都不聽對方的話，他老是想幹麼就幹麼。」

關於對立反抗的孩子，我們可以用一種方式來判斷他的對立反抗程度，例如孩子面對十個人時，他會接受其中多少人的指令及要求。

一開始，十個人要求他，孩子對十個人說的話都照單全收——這時，孩子的順從度超標，大人超愛。

隨後，孩子一點、一點地有了自己的想法，想要以自己的方法回應。逐漸地，我們發現孩子對於大人的指令開始愛聽不聽、愛理不理，慢慢地，從聽八個人的話，變成只聽七個人的話……順著情勢的發展，「不聽話」的比率愈來愈高。

無論是誰提出要求，比如爸爸、媽媽、導師、科任老師，或者爺爺、奶奶、外公、外婆……孩子都漸漸當成耳邊風，不當一回事。

面對孩子這種「全面否決」的不聽話狀態，該如何解決？

・孩子願意對話的老師，怎能一個人都沒有

以學校為例，尋遍整個校園，是否有任何一個人——從校長、各科室的主任、組長，導師、各個科任老師，甚至於校護、警衛、廚房阿姨等——孩子有意願跟其中一個人說話，願意和對方維持一種比較好的關係？

或者，從現有的老師之中，找到孩子比較願意對話的老師，先讓這位老師進行師生之間的對話。

假如這樣的關係一個都不存在，那我們得停下來思考：在這種情況當中，所蘊含的訊息到底是什麼？為什麼會形成這樣的狀況？

・多一個，是一個

並非每個對立反抗孩子都會進展到全面拒絕對話的狀態，因此在現階段，我們要掌握有多少大人是孩子願意溝通的，有一個，是一個，當然，這樣的人愈多愈好。

每增加一個孩子願意對話的人，多少也反映出孩子接納身旁大人的意願強度。同時，也是開啟了一扇又一扇的窗，讓孩子可以嘗試從不同的角度，來看待周遭的人、事、物，能夠接受一件事情可能有A、B、C、D四種解釋方法，或者還有更多的可能性。

讓孩子能夠接受，對於同一種情況，除了自己的看法之外，別人也會有他的觀點，每個人可能有不同的看法。

修正關係，迎向和解

在演講中，我常被問到這個問題，「我和我小孩的關係本來就有問題，而孩子現在到了青春期，出現了對立反抗怎麼辦？」

雖然這個問題看似頗為棘手，然而，只要大人起心動念，想要改善彼此的關係，結局終究有機會露出曙光。

關鍵在於我們如何與孩子重新修正關係、尋求和解。比如針對以往對待孩子的不適當方式，我們是否願意主動向孩子道歉，同時表達出我們想要改變的意願。

回想一下，你與孩子之間的美好交集

試著回想看看：我們和孩子之間有多少美好的回憶？還是和孩子之間，總是處在不斷的獎勵、懲罰與要求，不斷在日常瑣事或課業成績上打轉？

想想看：我們是否和孩子的興趣、娛樂，孩子所關注的事物，有所連結？

這些都有助於提醒我們，注意親子關係的緊密程度。

事實上，當關係能夠維持在一種好的狀態，孩子的恨意也將被稀釋到幾乎不存在，那麼孩子就根本不需要表現出對立反抗。

化解孩子的「對立反抗」

頑固難解的對立反抗
——常見的「共病」與「鑑別」

「我跟你講，清凱根本就有情緒障礙問題。」

導師斬釘截鐵地告訴清凱的媽媽。

「你想像一下，他在班上就像吃了炸藥一樣，動不動就發飆、歇斯底里。班上每個同學和所有的老師，看到他都是能閃多遠、就閃多遠。」

見媽媽沒作聲，導師繼續說著，愈講愈激動。

「他說話總是口無遮攔地沒大沒小，到這個年紀了還不會看場合，從來沒有想過他講的話到底傷了多少人。他還不時嗆我ㄟ，嗆個什麼屁啊！」

導師吞了一口口水，警覺到自己為人師表，竟然在學生家長面前發出不雅的

「屁」字，實在是有損老師形象。

「說真的，要不是我有修養，修為好，我早就把該記的過一支一支地跟清凱算，讓他畢不了業。他現在還沒被退學，算他運氣好。」

管不了媽媽是不是有話要說，導師講到興頭上，趁這個機會不吐不快。

「……更何況我一個禮拜有五天，每天都得跟他接觸，同學也是一樣，誰受得了。難保哪一天他把東西砸過來，到時候不曉得誰會受傷，萬一對方家長要究責，我這個導師能夠怎麼辦？清凱可以承擔嗎？你們當父母的，真的要好好想想這件事情，他該回診就回診，該吃藥就吃藥，該住——」

導師又吞了一口口水，把話止住。

他想說的是，「該住院就住院，最好能夠居家隔離，免得班上同學受害。」

導師的這些怨言，媽媽聽在耳裡，只能默默承受，一次又一次地，向導師低頭賠不是。

但導師要的並不是這樣的道歉，因為道歉無助於解決問題。

可是，就連媽媽也弄不清楚，孩子到底是怎麼一回事。

對立反抗的輔導與教養祕訣

教室裡的三種頭痛人物

在班上，有三種類型的學生，往往讓第一線老師在教學上明顯感受到困擾。

一是注意力缺陷過動症（ＡＤＨＤ）：問題在於孩子缺乏自我控制能力。老師覺得對孩子怎麼說都說不聽、怎麼講都沒有用。ＡＤＨＤ孩子經常無法遵守教室裡的規定，總是干擾老師的教學節奏與班級秩序。

二是亞斯伯格症（ＡＳ）：問題在於固著性與社交困難。老師發現孩子無法理解老師的意思，或者是不理會老師的指令，常自顧自地去做自己想要做的事。同時，老師與同學常會誤踩他的地雷，而引爆失控的情緒。

三是對立反抗孩子：這些孩子易怒，經常和大人爭辯，挑釁大人，將錯誤歸咎於他人，出現報復的行為等。對於老師的教學與班級經營發動全面攻擊，使得老師措手不及，不知該如何因應。

「對立反抗」與「ADHD」的共病與鑑別

・ADHD的核心狀況，在於自我控制出現問題。在情緒控管上，比一般孩子更容易情緒激動與易怒，這一點和對立反抗孩子相似。

・ADHD孩子在教室裡的行為，並沒有想要刺激老師情緒的意圖。但是，對立反抗孩子卻是刻意要撩撥起老師的情緒，並且掌控老師的反應。

・對於ADHD孩子來說，當我們要求他安靜時，孩子在第一時間會停下來，但受限於生理上缺乏自我控制能力，因此在被要求沒多久後，又會繼續說話，干擾到老師上課。對立反抗孩子往往有能力自我控制，但關鍵在於，他刻意不理會老師的指令與要求，而干擾、破壞教室秩序。

・以不願聽從與配合大人的指令來說，ADHD孩子的不遵從，來自於專注力、活動量與衝動控制上的困難，而無法時時依照大人的期待，做出相對應的表現。對立反抗孩子的不遵從，絕大多數則是表現在態度上，也沒有意願遵守。

・ADHD孩子因自我控制的問題，常導致他無法遵守規範。因此，很容易在日常生活中及學習上，遭到大人批評、指責、糾正與謾罵。這些負面的互動刺激容易讓孩子在內心產生不滿的情緒；而經常被否定，也使孩子逐漸對於大人的要求，產生激烈的反彈與違抗的態度，甚而累積報復的念頭（既然你們讓我太難堪，那我也不會讓你們太好看）。

讓ADHD與對立反抗保持「安全距離」

雖然ADHD與對立反抗有許多交集，看似容易出現在同一個孩子身上（共病），但是如果不希望ADHD進一步地演變成對立反抗，我們要提醒自己，對於ADHD孩子情非得已的失控行為表現，宜採取比較持平的態度，予以包容和接納，讓孩子感受到自己的狀態是被瞭解與被理解的。

當ADHD孩子明顯地感受到大人的善意，我相信，他也會對於自己無法遵守班級常規感到不好意思，進而願意試著進行調整。

我們如何善待孩子，多少也決定了ADHD是否往對立反抗靠近。

「對立反抗」與「品行疾患」（Conduct Disorder）的共病與鑑別

請留意，「對立反抗」和「品行疾患」是不同的問題。

對立反抗孩子的問題較不在於傷害人、破壞東西，或出現一些違反法律的行為。品行疾患的孩子，在與老師衝突之後，可能會對老師動手，像是砸書包、砸椅子，或者是揮拳揍老師，或拿起鑰匙、石頭、尖銳物去刮老師的車子，製造破壞。

但是，為什麼有些對立反抗孩子也容易出現這種狀況？

除了共病之外（當事人同時伴隨品行疾患），還要考量孩子是否因為暴怒、情緒失控所導致。對立反抗孩子並沒有想要傷害老師（特別是身體傷害，雖然他的言語往往已讓大人感到心裡受傷），但品行疾患孩子則會有這樣的企圖，意圖傷害老師。

例如孩子把椅子砸向老師，以對立反抗孩子來講，比較是因為情緒失控，但他沒有想要傷害對方的意圖。品行疾患孩子則比較會蓄意要造成對方受傷。這是兩者比較不一樣的地方。

然而，對立反抗與品行疾患同時出現共病的機率，比其他共病的可能高很多。

品行疾患孩子不見得會暴怒、衝動，但是會對周圍的人出現暴力行為、傷害、恐嚇、勒索、威脅等，做出觸犯法律規定的行為。

化解孩子的「對立反抗」

面對共病的因應對策

當孩子同時有ADHD、亞斯伯格症，對於大人的挑戰在於孩子的「**衝動**」（**自我控制困難**），再加上他的「**固著性**」（**缺乏彈性，無法接受其他的想法、意見**），特別是對於社會情緒線索解讀的「**扭曲**」（**會錯意**）——當這幾個元素參雜在一起時，往往使孩子的情緒處於激動、混亂、動輒得咎的負面狀態。如果再把**對立反抗**的元素加進來，那情況，實在令人不敢想像。

・大人請保持冷靜，不批判孩子

面對這樣的孩子，大人第一點要做的是「保持冷靜」，將自己維持在一種最為冷靜的狀態。提醒自己除非必要，否則先不要說太多的話，講話的語氣也要盡量平和，語句盡可能簡短，語調盡可能往下壓。

並且，在這個當下，先不要給孩子過多的要求及批判。

簡單來說，就是面對孩子的混亂，暫時先讓自己如同燈塔般聚焦，屹立不搖，不受鋒面及海浪的影響。我知道，**要成為燈塔不容易，但這是父母與老師需要練習的重要課題。**

•ＡＤＨＤ＋對立反抗：跟他們說話要謹慎

面對ＡＤＨＤ孩子伴隨對立反抗，在和他們說話時，得非常謹慎。因為任何一句話都足以造成刺激，而這刺激又容易引起孩子過度強烈的衝動反應。許多孩子在衝動上來時，無法仔細去思考他所講的內容與行為。

•亞斯伯格症：跟他們說話別太大聲，別講太多道理

而和亞斯伯格症孩子講話，最忌諱音量太大，以及說太多道理。我們可以想想，哪些話是我們愛聽的話。我們在與孩子說話的過程中，必須要非常謹慎地留意，覺察自己說話的語氣、語調、速度，以及說話的音量和內容，與我們說話時的眼神、動作，是否有傳遞出任何負面訊息。

提醒自己，一般青少年不喜歡被命令，亞斯伯格症孩子不喜歡被命令，對立反抗孩子也不喜歡被命令。因此，若孩子處在三合一的狀態，我們的命令和要求，只會更激起眼前孩子的強烈情緒。

國家圖書館預行編目資料

化解孩子的「對立反抗」／王意中著. --初版. --臺北市：寶瓶文化, 2020.7, 面； 公分. --(Catcher；100)
ISBN 978-986-406-195-2(平裝)
1.親職教育 2.親子關係 3.兒童心理學

528.2 109008734

Catcher 100

化解孩子的「對立反抗」

作者／王意中 臨床心理師

發行人／張寶琴
社長兼總編輯／朱亞君
副總編輯／張純玲
資深編輯／丁慧瑋
編輯／林婕伃
美術主編／林慧雯
校對／丁慧瑋・林俶萍・劉素芬・王意中
營銷部主任／林歆婕 業務專員／林裕翔 企劃專員／李祉萱
財務主任／歐素琪
出版者／寶瓶文化事業股份有限公司
地址／台北市110信義區基隆路一段180號8樓
電話／(02)27494988 傳真／(02)27495072
郵政劃撥／19446403 寶瓶文化事業股份有限公司
印刷廠／世和印製企業有限公司
總經銷／大和書報圖書股份有限公司 電話／(02)89902588
地址／新北市五股工業區五工五路2號 傳真／(02)22997900
E-mail／aquarius@udngroup.com

法律顧問／理律法律事務所陳長文律師、蔣大中律師

著作完成日期／二〇二〇年四月
初版一刷日期／二〇二〇年七月
初版三刷日期／二〇二〇年七月十三日
ISBN／978-986-406-195-2
定價／三二〇元

AQUARIUS 寶瓶文化事業

愛書人卡

感謝您熱心的為我們填寫，
對您的意見，我們會認真的加以參考，
希望寶瓶文化推出的每一本書，都能得到您的肯定與永遠的支持。

系列：Catcher 100　**書名：化解孩子的「對立反抗」**

1.姓名：＿＿＿＿＿＿＿＿　性別：□男　□女

2.生日：＿＿＿年＿＿＿月＿＿＿日

3.教育程度：□大學以上　□大學　□專科　□高中、高職　□高中職以下

4.職業：＿＿＿＿＿＿＿＿

5.聯絡地址：＿＿＿＿＿＿＿＿＿＿＿＿＿＿＿＿＿＿＿＿

聯絡電話：＿＿＿＿＿＿＿＿　手機：＿＿＿＿＿＿＿＿

6.E-mail信箱：＿＿＿＿＿＿＿＿＿＿＿＿＿＿

□同意　□不同意　免費獲得寶瓶文化叢書訊息

7.購買日期：＿＿ 年 ＿＿ 月 ＿＿日

8.您得知本書的管道：□報紙／雜誌　□電視／電台　□親友介紹　□逛書店　□網路　□傳單／海報　□廣告　□其他

9.您在哪裡買到本書：□書店，店名＿＿＿＿＿＿　□劃撥　□現場活動　□贈書

□網路購書，網站名稱：＿＿＿＿＿＿＿　□其他＿＿＿＿＿＿

10.對本書的建議：（請填代號　1.滿意　2.尚可　3.再改進，請提供意見）

內容：＿＿＿＿＿＿＿＿＿＿＿＿

封面：＿＿＿＿＿＿＿＿＿＿＿＿

編排：＿＿＿＿＿＿＿＿＿＿＿＿

其他：＿＿＿＿＿＿＿＿＿＿＿＿

綜合意見：＿＿＿＿＿＿＿＿＿＿＿＿＿＿＿＿＿＿＿＿＿＿＿＿

11.希望我們未來出版哪一類的書籍：＿＿＿＿＿＿＿＿＿＿＿＿＿＿＿＿

讓文字與書寫的聲音大鳴大放

寶瓶文化事業股份有限公司

（請沿此虛線剪下）

廣 告 回 函
北區郵政管理局登記
證北台字15345號
免貼郵票

寶瓶文化事業股份有限公司 收

110台北市信義區基隆路一段180號8樓
8F,180 KEELUNG RD.,SEC.1,
TAIPEI.(110)TAIWAN R.O.C.

（請沿虛線對折後寄回，或傳真至02-27495072。謝謝）